Metatemas 12

Metatemas
Colección dirigida por Jorge Wagensberg
para meditar y lucubrar en ciencia y filosofía

* Alef, símbolo de los números transfinitos de Cantor

P. T. Landsberg, G. Ludwig, R. Thom
E. Schatzman, R. Margalef e I. Prigogine

PROCESO AL AZAR
Una convocatoria de Jorge Wagensberg

Preámbulo de Salvador Dalí

Tusquets Editores

Títulos originales: *The Search for Certainty in a Probabilistic Universe,* de P.T. Landsberg: *Microsystems, Macrosystems and Determinism,* de G. Ludwig; *Déterminisme et innovation,* de R. Thom; *Universality of the Laws of Nature and Cosmology,* de E. Schatzman; y *Coping with the Irrational,* de Ilya Prigogine.

1.ª edición: diciembre 1986
2.ª edición: marzo 1996

Traducciones de Joaquín Boya, Alfons Cornellá, Luis Navarro, Josep Pla, Eduard Salvador y Jorge Wagensberg
Fotografías de Quim Manresa
Diseño de la colección: Clotet-Tusquets
Reservados todos los derechos de esta edición para
Tusquets Editores, S.A. - Iradier, 24, bajos - 08017 Barcelona
ISBN: 84-7223-457-6
Depósito legal: B. 6.997-1996
Impreso sobre papel Offset-F. Crudo de Leizarán, S.A. - Guipúzcoa
Libergraf, S.L. - Constitución, 19 - 08014 Barcelona
Impreso en España

Indice

Este encuentro se celebró en el Teatro-Museo Dalí de Figueres ante
una audiencia científico-artístico-filosófica, el uno y el dos
de noviembre de mil novecientos ochenta y cinco. Fue
organizado por la Facultad de Física de la Universidad de Barcelona, por iniciativa del Consell
de Cultura de la Generalitat de Catalunya
y con la colaboración de la Fundación
Sala-Salvador Dalí, el periódico
«La Vanguardia», el Ayunta-
miento de Figueres, la Di-
putación de Girona
y la Universidad
Menéndez y
Pelayo.

El Enigma Estético

Amigos, meditad y tened en cuenta el gran honor que nos hacen los sabios y científicos al traernos sus últimos conocimientos bajo la Cúpula del Museo.

Considerad y meditad que el propio Leibniz quiso continuar el Arte Combinatorio de Raimon Llull, el Doctor Iluminado; las ruedas combinatorias funcionaban gracias a un hilo rojo que las atravesaba por el centro y que estaba cosido al pergamino, y, de Noche, decía que, si se tenía la costumbre, continuaban rodando y combinándose en el Sueño, como las ruedas del Fuego Ardiente, tal y como quería Heráclito el Oscuro.

El fenómeno Estético está estrechamente ligado a la Historia de la Ciencia, aunque sólo sea por el mero hecho de que en ambas se da la elección experimental.

Saliendo de las tinieblas medievales de Raimon Llull, que era un poeta, reencontramos la plena luz, cuyo estudio científico inicia el Príncipe de Broglie, otro poeta. El largo debate entre la Teoría Ondulatoria y la Teoría Corpuscular llegó a la siguiente conclusión: la luz es a la vez onda y corpúsculo.

En la termodinámica, la dualidad contenida entre la entropía y la neguentropía se convierte en el filosóficamente comprensible principio de indeterminación de Heisenberg.

Después de Heisenberg y de su principio de indeterminación, sabemos que existen átomos encantados, donde el encanto es una propiedad de ciertos átomos.

No es posible encontrar una noción más estética que la reciente Teoría de las Catástrofes de René Thom, que se aplica tanto a la geometría del ombligo parabólico como a la deriva de los continentes. La teoría de René Thom ha encantado todos mis átomos desde el día en que empecé a conocerla.

Salvador Dalí, Marqués de Dalí de Púbol
Figueres, 1 de noviembre de 1985

Jorge Wagensberg, director del encuentro, a la audiencia en la sesión inaugural: «¿Es el azar un producto de la ignorancia o un derecho intrínseco de la naturaleza?».

Las reglas del juego

Las cosas, sencillamente, ocurren. Estas frescas y breves palabras dicen la verdad. La cuestión, ya lo advirtió Aristóteles, se centra en distinguir entre el antes y el después. Los sucesos que ya han ocurrido ahí están, escritos en el gran libro del universo. Es un libro en el que ninguna corrección es posible. Ni una coma. El lector de la historia, raro y minúsculo habitante de la última página, comprueba efectivamente que las cosas ocurren para tejer así un pretérito que existe y que es único. Mirar hacia atrás es una tarea plácida; ciertos.pasajes se han emborronado y, mientras no mejoren mucho las técnicas de lectura, ya no es posible saber cúantas coces dio el caballo de Napoleón; otros fragmentos, en cambio, como la Sinfonía Concertante de Mozart, permanecen claros y nítidos. Por tal facultad de lectura, este individuo —el pensador— se considera parte privilegiada del todo. El universo en su devenir es contemplado, sí, por una de sus partes: la inteligencia. Pero todo empieza cuando nuestro héroe vuelve el rostro hacia el después, hacia las páginas (se diría que) en blanco. En este momento su alma se agita. Existe un solo pasado, pero ¿cúantos futuros? Grande es entonces su inquietud, grande y fértil. Porque el tratamiento inmediato para calmar una inquietud suele consistir en su traducción en una o varias preguntas:

Primera pregunta: De lo escrito y de lo que puedo leer ¿es posible conseguir alguna garantía para hacer apuestas sobre lo que está por escribir?

Segunda pregunta: ¿Acaso no puedo incluso influir, por modestamente que sea, en la redacción de lo todavía no escrito?

La primera pregunta es el punto de partida de un valioso producto de la inteligencia, el conocimiento científico. Y la segunda resume la esperanza de una de las funciones más notables del conocimiento, la capacidad para elegir nuestro devenir: ¿la libertad?

La ciencia es una forma de conocer el mundo que empieza por separar el lector de lo escrito, el observador de lo observado, el sujeto del objeto. Es el primer principio del método científico: si el mundo es objetivo, el observador observa sin por ello alterar la observación; es la hipótesis realista. El segundo principio que el científico asume tácitamente para elaborar ciencia podría llamarse la hipótesis determinista y afecta de lleno a esta convocatoria de Figueres: los sucesos del mundo no son independientes entre sí, exhiben cierta regularidad, causas parecidas producen efectos parecidos... El mundo, sí, es inteligible. Se trata de un fuerte principio que hace que la afirmación «los sucesos ocurren» no sea, precisamente, una tautología cándida. Dicho de otro modo, en virtud del principio determinista, adquiere sentido nada menos que el concepto de ley de la naturaleza. Porque en la naturaleza no todo es posible; de todos los sucesos virtuales que podrían ser —sea el caos— no todos son. Existen conjuntos de sucesos prohibidos y, cuando el científico cree descubrir una limitación que restringe el caos, entonces dice haber descubierto una ley. Podemos atribuir la potencia de una ley a su capacidad para prohibir, de modo que las leyes muy potentes pueden llegar a dar la sensación de obligar más que de prohibir. Es, sin duda, el caso de la física, disciplina que presume de la colección más prestigiosa de leyes de la naturaleza. Los objetos que obedecen a tales leyes (el sistema planetario, por ejemplo) tienen en verdad un aspecto muy poco caótico. Su comportamiento es ordenado y armónico, decimos. El científico no afirma «éste es el mejor de los mundos posibles», pero sí cree que, «de todos los mundos posibles, no es éste el de menor armonía». Capacidad para prohibir, he aquí, al menos, una buena aproximación al grado de determinismo que contiene una ley científica. Pero una presunta ley que aspire al calificativo de científica debe someterse todavía a un tercer principio: el de la dialéctica entre su enunciado y la experiencia. Ello requiere la invención de un método de contraste, llámese verificar, corroborar o falsar, y de ciertos mecanismos de conexión con el mundo real, llámese percibir, observar, experimentar o simular. La esencia de la ciencia es, pues, la investigación con un método que empuñe estos tres principios: de la realidad, de la inteligibilidad y de la dialéctica.

Pero la complejidad de los objetos de nuestro interés puede llegar a desanimarnos a la hora de una rigurosa observación de tales principios. ¿Cómo ser realistas al abordar, por ejemplo, el estudio de la propia mente?, es decir, ¿cómo separar la mente de sí misma? ¿Cómo ser determinista al estudiar el caprichoso comportamiento de un ser vivo? ¿Cómo experimentar cuando diseñamos un programa macroeconómico a largo plazo? En tales casos, y si mantenemos nuestra pretensión de elaborar conocimiento en forma de leyes, los principios del método científico deben forzosamente relajarse. Por este procedimiento, por el procedimiento de ablandar el método, la ciencia deriva hacia la ideología. La esencia de la ideología ya no es la investigación, sino la creencia. De este discurso se infiere que hay que rellenar con ideología todos aquellos agujeros que la ciencia deja vacíos. Si nuestro propósito no es afrontar la segunda pregunta, si no pretendemos utilizar el conocimiento para conducir nuestro futuro, entonces no hay problema. Si el conocimiento que buscamos no es de leyes, sino de imágenes del mundo, abandonar el método científico puede ser muy recomendable; incluso puede convenir tomar principios radicalmente opuestos. Es el caso del arte, una forma de conocimiento en la que el creador tiene muy poco interés por distanciarse de lo creado. El conocimiento científico como producto, como resultado, está, pues, exento de ideología; es, si se quiere, frío, inodoro e insípido. Pero todo científico tiene, como ser humano, una ideología. Y ningún científico puede evitar en algún momento de su trabajo la colisión entre sus creencias y la ciencia que elabora o manipula. No hace falta profundizar demasiado en la cuestión para percatarse de que la misión de los tres principios del método científico consiste precisamente en ahuyentar perturbaciones ideológicas. La mente del científico se excluye a sí misma durante el propio proceso de investigación, pero no esquiva las interferencias ideológicas en dos importantes fases de su trabajo: al principio, cuando encara la formulación de sus preguntas, y al final, cuando analiza e interpreta las respuestas obtenidas. El científico se obliga a sí mismo a ser realista, determinista y dialéctico, por método, por oficio, pero esto no quiere decir que su visión del mundo contenga tales ingredientes. Más aún, en ocasiones debe admitir que los objetos que describe exhiben propiedades contrarias. ¡El objeto se opone al método! Pero incluso en estos casos el científico se aferra con fuerza a su método y retrocede todo lo que sea necesario para poder aplicarlo de nuevo. Si, por ejemplo, un suceso parece aleatorio, inventa la noción de probabilidad e intenta encontrar una ecuación determinista que utilice tal magnitud como *variable. La física cuántica nos muestra una naturaleza con falta (entre otras cosas) de realismo y determinismo, pero realistas y deterministas son sus ecuaciones. La heterodoxia en esta disciplina tiene su origen en la ideología que se destila del propio método científico. Y la existencia de esta heterodoxia (llegue o no llegue a triunfar un día) ha hecho ya correr ríos de literatura científica, ha propuesto ya experimentos. La ideología, por tanto, influye en la investigación durante su fase de planteamiento. Supongamos ahora que cierta teoría (sugerida quizás en origen por cierta ideología) es elaborada científicamente, como debe ser, sin ideología. Decir que tal teoría no puede favorecer, a su vez, cierta ideología se parece más a un deseo o a un consejo que a la realidad. En la intimidad, el salto de lo epistemológico a lo ontológico es inevitable. La física cuántica dice: «El observador no puede saber ...». El salto consiste en que cierto científico (por ejemplo, Richard Feynman) añada: «... ni tampoco la propia naturaleza». Es la transición del azar de la ignorancia al azar absoluto. ¿Por qué no? Las creencias no son el producto de conclusiones, sino, en todo caso, de estímulos. Cuando hablamos del determinismo del mundo (todo está escrito, incluso las páginas aparentemente en blanco) parece como si el peso de la demostración deba recaer sobre los indeterministas, sobre aquellos que conceden un margen de contingencia a la naturaleza. La razón está problablemente en las raíces de los grandes monoteísmos occidentales y en el propio método científico. Sin embargo, la ideología de un científico no es independiente de la disciplina en la que trabaja. La disciplina «marca» ideología. No se suelen hacer encuestas ideológicas entre científicos, pero creo que puede afirmarse que un observador de los planetas tiende a ser más determinista que un estudioso de la evolución biológica. Las ideologías son sensibles a los estímulos científicos. Luego las ideologías pueden debatirse discutiendo sus respectivos estímulos científicos. Si las ideologías no se discuten es porque los científicos que discuten entre sí son, cada día más, de una misma disciplina. Este es el sentido de la convocatoria de Figueres: pensadores provenientes de diferentes disciplinas debaten sus ciencias y creencias ante una audiencia que procede de distintas áreas del conocimiento. La intención es conseguir un fuego cruzado de estímulos sobre una cuestión a la que ningún científico, ningún pensador, ningún artista, ningún ser humano puede sustraerse: el determinismo (o indeterminismo) del mundo (o del conocimiento del mundo).*

El segundo principio del método científico nos invita a una actitud determinista. La idea es seductora si nuestra voluntad es la investigación, pero puede entrar en conflicto con nuestra creencia. A cada uno le toca, en la intimidad, sufrir o consolarse con su propia visión del mundo. Entre el determinismo duro (todo estado del universo es consecuencia necesaria de cualquier otro, todo lo que acontece —en el pasado o en el futuro— está escrito en alguna parte) y su negación (existe el azar, no todo lo que ocurre es necesario, tiene causa u obedece a una ley), la inteligencia busca una posición en la que acomodar sus creencias, digamos, humanistas (la libertad, la creatividad artística e intelectual, la responsabilidad, la ética ...). La inteligencia se enreda en un espinoso barullo de preguntas: ¿Qué es el azar? ¿Un producto de nuestra ignorancia o un derecho intrínseco de la naturaleza? Si el azar es ignorancia, ¿qué sentido tiene decir que en la evolución del mundo interviene el despiste de un eventual observador? Es el azar ontológico (el Azar) y el azar epistemológico (el azar). Omar Kayyam, por ejemplo, experimentaba amargura con la conclusión determinista:

> *«La vida es tan sólo un tablero cuyos*
> *cuadros blancos*
> *son los días y los negros las noches*
> *con el que el Hado se divierte con los humanos.*
> *Como si fueran piezas de ajedrez nos mueve a su antojo.*
> *Y con penas humanas da sus jaques mate.*
> *Terminado el juego nos saca del encasillado*
> *para arrojarnos, uno tras otro, en el cajón de la nada.»*

Para otros, en cambio, la misma visión determinista del mundo supone la garantía de la verdadera libertad, paz interior, incluso el más alto sentido de la creatividad artística e intelectual. Es el citadísimo caso de Einstein que extraía un gran consuelo del determinismo. Esta es una frase de la carta de condolencia que Einstein escribiera a la viuda de su íntimo amigo Michele Besso:

> *«Michele se me ha adelantado en abandonar este extraño mundo. No tiene importancia. Para nosotros, físicos convencidos, la distinción entre pasado y futuro es una ilusión, aunque sea una ilusión tenaz.»*

Para Einstein, que moriría sólo tres semanas después de escribir estas líneas, las crueldades más absurdas se disolvían con su concepción determinista del mundo. Muchos artistas y escritores presumen también de determinismo: «Mi novela se escribe sola, tal cuadro, tal escultura tiene su propia dinámica, obedece a sus propias leyes, algo guía mi mano». «Yo no busco, encuentro», decía Picasso.

En definitiva, distintos estímulos científicos favorecen actitudes distintas frente a la concepción del mundo, y una misma concepción del mundo puede producir muy diferentes inquietudes existenciales en el alma humana. He aquí, pues, la relación entre las reglas del juego en Figueres (los estímulos científicos de cada uno) y las reglas de juego del mundo (las leyes que producen tales estímulos y su interpretación). La ciencia es, en este caso, el anfitrión para prender la mecha de un diálogo: Peter T. Landsberg, *por su protagonismo en tantos frentes de la ciencia actual, mecánica estadística, biofísica, pensamiento científico;* Günther Ludwig, *por su labor de fundamentación en la física cuántica;* René Thom, *creador de la teoría de las catástrofes, por su influencia en la evolución de las matemáticas;* Evry Schatzman, *por su penetración en la astrofísica y la cosmología;* Ramón Margalef, *por su contribución a las nuevas ideas en ecología y biología; e* Ilya Prigogine, *animador del concepto de autoorganización como paradigma interdisciplinar de la complejidad, por la teoría de los procesos irreversibles. Están, pues, representados el mundo abstracto, el imperceptible por pequeño, el imperceptible por grande y el imperceptible por complejo. En la historia del conocimiento existen momentos luminosos en los que el intercambio de estímulos se da espontáneamente. Ello era natural en Grecia, se dio durante el Renacimiento italiano, y basta abrir mentalmente la puerta de una cafetería de Viena de ciertos años de este siglo para encontrar el mismo fenómeno. En Figueres se intenta la experiencia de forzar esta clase de espontaneidad en un escenario que no en vano es la casa de Salvador Dalí. El intercambio de conocimientos es más difícil que el intercambio de estímulos porque, al fin y al cabo, uno no se alimenta sólo de lo que comprende profundamente. Es ésta, pues, una convocatoria para remover las investigaciones y las ideologías, las ciencias y las creencias, en torno al concepto del azar. No hay duda de que el marxismo contiene más ideología que el psicoanálisis; que el psicoanálisis contiene más ideología que la física atómica y que la física atómica contiene más ideología que la topología algebraica. No hay duda de que todas estas raciones de ideología tienen sus estímulos científicos. Por ello, las reglas del juego de Figueres se inventaron para que, sobre todo, circulara el aire fresco de los estímulos científicos bajo la cúpula geodésica del Teatro-Museo. Y así ocurrió, en una atomósfera polícroma y expectante, los días uno y dos de noviembre de mil novecientos ochenta y cinco. Cada uno se fue a su casa con su particular dosis de estímulos y acaso algún estímulo, en algún dominio, fructifique sin conciencia clara del momento y lugar de fecundación. El conocimiento elaborado olvida con frecuencia sus estímulos iniciales. No es grave. El conocimiento se nutre de la invención de reglas de juego para el mundo y también de reglas de juego para que los pensadores se encuentren en un mismo punto y se exciten con su mutua presencia. Este texto es el testimonio de uno de ellos.*

Jorge Wagensberg
Mayo de 1986

Peter Theodorus Landsberg, *nacido en Berlín en 1922, ocupa en la actualidad una cátedra en la Faculty of Mathematical Studies de Southampton. Es autor de una profunda, profusa y diversa labor de investigación que va desde la electrónica a la biología pasando por la cosmología y la filosofía de la ciencia.*

La búsqueda de la certeza en un universo probabilístico
Peter T. Landsberg

1. Introducción

Grandes impulsos en la mente de los hombres han producido resultados que nos asombran y nos abruman. En el pasado, hombres poderosos expresaron su amor por Dios, o por otros hombres, o por ellos mismos, erigiendo grandes catedrales, o pirámides o el Taj Mahal —todas ellas maravillas de diseño y de concepción profunda, considerando especialmente el período de su creación. Hay también otras motivaciones: por ejemplo, el conocimiento (los saberes), el deseo de certidumbre, para descubrir las leyes de la naturaleza, para comprender. Ellas nos ha dado animosos exploradores, venciendo las más apabullantes condiciones de supervivencia, o incluso sucumbiendo a ellas, como Scott en la Antártida, para poder cartografiar esas tierras lejanas. Esas preocupaciones también nos han dado los grandes sistemas filosóficos y muchos descubrimientos científicos. La fe religiosa (y la no religiosa) se produce también por la aspiración a la certeza en nuestra vida personal. El impulso hacia la certeza en las ciencias es parte de la inspiradora historia a la que voy a referirme ahora.

2. Estructuras artificiales: *La incertidumbre en matemáticas*

Hay dos clases principales de certeza que pasamos a considerar: la certeza en matemáticas o en juegos inventados por el hombre, como el ajedrez, y la certeza en la comprensión de los procesos de la naturaleza. La certeza en cosas artificiales se alcanza con frecuencia, sin la menor duda. Una posición de jaque mate es final y cierta. Es también cierto que el número cinco sólo es divisible sin resto por sí mismo y por uno, y es por tanto un número primo. Pero cuando entramos en cuestiones de mayor

19

peso, incluso la matemática, nuestra propia obra, se cubre de una niebla impenetrable; por ejemplo, si queremos probar que una estructura matemática que incluya la aritmética de los números naturales es completa. Entonces, nos encontramos de golpe con un teorema de Kurt Gödel.

El siguiente ejemplo, bien conocido, puede ilustrar este teorema, aunque no demostrarlo. Sea W un adjetivo, consideremos la fórmula <'W' es W>. Dado un adjetivo, esta fórmula es verdadera, o falsa, o carece de sentido. Omitamos, por simplicidad, que pueda ser sin sentido. Sorprendentemente esto no afecta los resultados básicos. Llamaremos «autológico» a un adjetivo para el que la proposición sea cierta, y «heterológico» para el que sea falsa. Por ejemplo las palabras «English» y «español» son autológicas, mientras que la palabra *long* es heterológica. Dada una lista completa de adjetivos, podemos obtener un nuevo sistema ampliado añadiendo esos dos. Se suscita naturalmente la cuestión de si se les puede aplicar la fórmula <'W' es W>. Consideremos la palabra «heterológico». Si <'W' es W> es aplicable, entonces, por definición, heterológico es autológico. Pero esta misma frase indica que debe ser heterológico, de modo que hay una contradicción. Así que la posible verdad de <'W' es W> no puede probarse cuando W es adjetivo «heterológico». Tampoco puede probarse su falsedad, pues si «heterológico» no es heterológico, debe ser autológico, y por ello aplicarse a sí mismo. Así, del hecho de que «heterológico» sea autológico deducimos que es heterológico. Esto, de nuevo, es una contradicción. La cuestión, por tanto, de si <«heterológico» es heterológico> no puede decidirse y, para hacerlo, tendría uno que considerar un sistema más amplio. Pero, por supuesto, el sistema más amplio está de nuevo sometido al mismo tipo de problema. El resultado básico es que hemos encontrado una proposición (saber <«heterológico» es heterológico>) que no podemos probar que es verdadera, y que tampoco podemos probar que es falsa.

Ahora bien, si tenemos un sistema formalizado, existen posibilidades para sus proposiciones (que no contengan variables libres):

1. Existe al menos una fórmula para la que no se puede demostrar *ni* A *ni* no A. Este es el caso de la sentencia anterior («heterológico» es heterológico). Técnicamente esto significa que el sistema es *incompleto*.

2. Existe al menos una fórmula para la que uno puede demostrar a la vez A y no A. Tal sistema es *inconsistente* y debe ser desechado.

3. Si no ocurre 1, el sistema es completo. Si no ocurre 2, es consistente. Así que los sistemas completos y consistentes son aquellos en los que puede probarse o A o no A para todas las fórmulas del sistema.

El teorema de Gödel dice esencialmente que incluso los sistemas formalizados consistentes, que contienen la aritmética, son siempre incompletos. La mayoría de las teorías científicas entran en este grupo de sistemas, y todo mi discurso de los adjetivos ha sido para ilustrar este punto (8). Estos sistemas incompletos se encuentran entre los sistemas buenos, que son consistentes y completos, y los sistemas malos, que son inconsistentes.

3. Incertidumbre en mecánica clásica

Si las estructuras hechas por el hombre pueden exhibir incertidumbre en ciertos puntos cruciales, ¡cómo no habremos de encontrar límites a la certeza en nuestra comprensión de la naturaleza! Consideremos el candidato menos probable: la majestuosa estructura de la mecánica clásica, empleada durante tanto tiempo para el cálculo preciso de los eclipses solares cientos de años antes de que ocurriesen, y distinguida por la fiabilidad de las tablas que suministra para la predicción de los tiempos de marea alta y de marea baja. Nuestra valoración de la mecánica clásica como una disciplina fiable está fuera de toda duda: ha sido capaz incluso de colocar a hombres en la luna y de devolverlos a la tierra. Pues bien, a pesar de esto, existen algunos problemas insuperables a los que vamos a referirnos ahora.

Consideremos un brazo de péndulo en posición vertical, de modo que quede por encima de su punto de suspensión. Se caerá a la izquierda del soporte si se le empuja un poquito a la izquierda. Se caerá a la derecha del soporte si se le empuja a la derecha. La configuración inicial determina el movimiento del sistema, como es de esperar de una estructura sometida a la mecánica clásica. Pero supongamos que comenzamos con el péndulo en la posición superior con el más pequeño error alcanzable experimentalmente. Se sigue que este error puede impedir una predicción correcta: ¡unas veces la predicción es correcta, otras es falsa! Cada caso tiene un 50% de probabilidades. Una pequeña separación del punto más alto determina la trayectoria. La mecánica clásica contempla muchas situaciones donde fallan las predicciones serias por haber un punto crítico donde el más pequeño error posible produce grandes efectos. Estos son precisamente los lugares donde incluso en mecánica clásica la certeza debe ser sustituida por la probabilidad (1) (15).

¿Pueden alcanzarse mayor precisión y grado de certeza estudiando el sistema con un modelo teórico y utilizando un potente ordenador? De nuevo quedamos defraudados. Siempre hay un error del ordenador. Un pequeño error inicial puede hacerse más y más grande conforme se realiza el cálculo y finalmente no puede decirse nada con precisión. La probabilidad y la incertidumbre entran tanto en el cálculo como en la observación sencillamente porque la precisión infinita es imposible. Complicando un poco más las cosas llegaríamos a sistemas cuyas ecuaciones, perfectamente deterministas, producen un comportamiento errático. Esto se llama *caos*. Los científicos estudian este tema que, junto con la teoría de catástrofes, está atrayendo su interés (19). El humo de un cigarrillo y la turbulencia del agua son dos ejemplos cuyo análisis puede intentarse mediante estos métodos. La idea clave es que estos sistemas son extraordinariamente sensibles a las condiciones iniciales de las que arrancaron. Por ejemplo, en un modelo matemático, cada salida *(output)* puede emplearse para generar una nueva entrada *(input)* y, al cabo de una serie de iteracciones, puede generarse un conjunto aparentemente aleatorio de salidas (6) (17).

4. Probabilidad en mecánica estadística

Por supuesto, la física ha conocido las probabilidades desde hace mucho tiempo. Alrededor de 1860, Maxwell y Clausius se dieron cuenta de que, al haber tantas partículas en un sistema, no puede seguirse el movimiento de todas ellas, y hay que recurrir a introducir probabilidades. Con ello se responde a un nuevo tipo de pregunta. No ya: ¿cuál es la velocidad de esta o aquella partícula?, sino: ¿qué probabilidad tengo de encontrar una partícula con una velocidad dentro de un margen especificado? Hay que rechazar la certidumbre en favor de la información estadística. Esta introducción de las probabilidades en la física fue una etapa excitante e importante, pero su significación filosófica fue limitada. Existía la sensación de que la introducción de probabilidades era conveniente, pero también que éstas podían eliminarse en

22

principio si admitiesen cálculos increíblemente complicados, o alquilando los servicios de un calculador «a la Laplace» que fuera capaz de manejar una gran cantidad de información y que tuviese información precisa sobre todos los datos físicos.

En todo caso, se desarrolló la ciencia de la mecánica estadística. Sus probabilidades son debidas a *complicaciones* que resultan de los grandes números. La probabilidad es una especie de Mefistófeles en la ciencia. Nos permite decir que va a llover (hoy y en esta ciudad) con un 30% de probabilidad. Eso es algo, pero no bastante, porque, de hecho, lloverá o no lloverá. El metereólogo que habla de un 30% de probabilidad nos proclama la fuerza de su creencia. No puede hacerlo mejor. Estamos también aquí de nuevo en una clase de mecánica estadística por las complicaciones que aparecen. Mefistófeles está aquí, aunque de momento sólo mirándonos desde el otro lado de la esquina.

5. *Teoría cuántica: aparece Mefistófeles*

Retrocedamos un poco. Aunque la mecánica clásica es venerable, he señalado cómo las probabilidades entran en ella a través de puntos de bifurcación y precisión limitada, los cuales han sido el tema de investigaciones muy recientes. A continuación hemos discutido la mecánica estadística que surgió a la vuelta del siglo con Gibbs, Maxwell y Einstein. Básicamente seguimos estando en el principio de 1900 y ahora podemos trasladarnos a la teoría cuántica. Recordamos que ésta nos explica las propiedades ondulatorias de las partículas más pequeñas como electrones, protones, etc., lo cual hace asignando funciones de onda a estas partículas o sistemas de partículas. Nos explica que la energía viene en unos «granos» llamados cuantos. Es una teoría tremendamente exitosa, que puede utilizarse para explicar el comportamiento de partículas en colisión, las propiedades de los materiales, de los gases, de los núcleos atómicos, etc., y alcanza los campos de semiconductores y de la electrónica. ¿Por qué nos interesará aquí esta teoría?

Porque la función de onda asigna probabilidades a los diversos estados de un sistema, no certidumbres. Ello es de una importancia crucial, ya que se trata de un ingrediente básico para la más fundamental de las teorías. Después de todo, las cosas, de hecho, ocurren en este mundo y, después de que han ocurrido, son ciertas y completas. Si tenemos una teoría básica que proporciona solamente probabilidades, podemos preguntarnos: ¿existe una mecánica mejor, llamémosla mecánica X, que asigne certidumbres? ¿Es la mecánica cuántica meramente la mecánica estadística de esta todavía no descubierta mecánica X? Después de todo, podría ser como la mecánica estadística que está basada en la mecánica clásica. Esta idea funciona de la siguente manera.

Si vas a someterte a un examen, se te avisa que el 70% de los candidatos pueden pasar. La probabilidad de que cualquier candidato pase es 0,7. Esta afirmación corresponde a una sentencia de la mecánica cuántica, como afirmación probabilística que es. Si se estudian la historia y las aptitudes pasadas de cada candidato por separado, somos capaces de decir: este candidato pasará, éste no pasará, etc.. Esto correspondería a una afirmación definida de la nueva mecánica X. La mecánica cuántica opera y es correcta, aunque no va tan lejos como lo haría la mecánica X. En esta búsqueda de la mecánica X, la eliminación de probabilidades como base de la física es la que inspiró a Einstein la conocida frase de que Dios no arroja los dados. Einstein fue en búsqueda de la certeza y la mecánica cuántica no se la pudo proporcionar (4).

Una famosa paradoja de la teoría cuántica ilustra los problemas de una teoría probabilística. Imaginemos una caja que contiene una sustancia radiactiva que puede matar a un gato a través de un dispositivo de disparo que emite radiación en una determinada dirección. La radiación emitida en otras direcciones no produce daño alguno. Suponiendo que el gato pueda ser descrito por la mecánica cuántica, con ciertas probabilidades está en un estado vivo o muerto. Cuando el observador abre la caja, se encuentra que el gato está vivo. Decimos entonces: la probabilidad se ha hecho certidumbre. La cuestión es ¿cómo es que la probabilidad de estar vivo se ha convertido en certeza simplemente por abrir la caja? ¿No era cierto esto mismo antes de que mirásemos si el gato vivía?

Este asunto se discutió *in extenso* en un Simposio en 1957 y pueden mantenerse diferentes puntos de vista (2): 1) hemos utilizado, con la mecánica cuántica, la mejor teoría disponible. Afirmaciones más completas requieren una teoría mejor, que aún no tenemos; 2) el ejemplo nos muestra que la mecánica cuántica es incompleta; 3) la aplicación de la mecánica cuántica es aquí inadmisible, en cuanto que el gato es un objeto macroscópico y el límite macroscópico de la mecánica cuántica aún no se ha entendido (4) (13) (20).

Personalmente prefiero un cuarto punto de vista. Adoptamos

24

la definición de probabilidades como frecuencias que dicen que una probabilidad se concibe como la razón del número de casos favorables respecto al número de casos posibles. Entonces, puesto que la función de ondas de la mecánica cuántica especifica únicamente probabilidades, sólo tiene sentido aplicarla a un conjunto de muchas copias del sistema. Se puede mostrar que, para esta interpretación de la mecánica cuántica, el gato de Schrödinger no presenta problema alguno. Simplemente hay gatos vivos y gatos muertos en nuestro conjunto de copias del sistema que dependen de las correspondientes probabilidades. Las dificultades surgen solamente si la teoría probabilística se aplica a un único sistema. La paradoja del gato de Schrödinger surge por aplicar una teoría que posibilita solamente afirmaciones probabilísticas a un sistema particular. Es como el 30% de probabilidad de la previsión de la lluvia. Nosotros miramos y vemos simplemente si ha llovido o no.

No llegamos al final de nuestros problemas con la mecánica cuántica. Esta posee una característica adicional muy extraña, no directamente relacionada con las probabilidades. Es la de que no es posible pensar en un fenómeno cuántico como existente en un estado objetivo que sea independiente del observador. La idea de «el estado de una partícula» sólo adquiere significado si se ha seguido un procedimiento para observarla. La mecánica cuántica nos retira el permiso para hablar del *estado de una partícula* en sentido objetivo entre observaciones, y ello ha dado lugar a muchas especulaciones y a muchas interpretaciones alternativas de la mecánica cuántica. He aquí algunas para mayor conocimiento del experto, con los nombres de sus principales autores:

a) la interpretación de Copenhague (Niels Bohr y la mayoría de los físicos);

b) la interpretación como colectividades *(ensemble)* (Einstein), a la que nos referimos antes;

c) la interpretación de muchos mundos (Everett), que mencionamos luego;

d) la interpretación con variables ocultas (de Broglie, Bohm) que busca una mecánica X, como explicamos antes.

¿En qué estado está la partícula cuando no la observamos? La búsqueda de la certeza se detiene aquí, puesto que esta cuestión ni siquiera está bien formulada, de acuerdo a la interpretación «a». Por esto es por lo que digo que Mefistófeles está justo frente a nosotros, seductor, convincente, pero básicamente remoto y enigmático.

Este seminario se llama *Determinismo y libertad*. Aquí hemos discutido las limitaciones a la certeza en mecánica clásica y cuántica. Aún no he utilizado el argumento más obvio para el indeterminismo, que es seguramente el principio, debido a Heisenberg, según el cual ciertos pares de variables no pueden medirse simultáneamente con absoluta precisión. Pero es que, de hecho, no lo necesitamos. Hemos llegado a la imposibilidad de medidas infinitamente precisas incluso en la mecánica clásica y para una sola variable. Pero el principio de incertidumbre añade aún un mínimo numérico para el producto de dos incertidumbres y produce por lo tanto un resultado cuantitativo adicional.

Leyendo el libro de Sydney Hook de 1958 (7), si uno se pregunta por los principales cambios ocurridos desde entonces, quizá se pueda decir lo siguiente: los fundamentos de la mecánica cuántica y el estudio de las paradojas que pueden formularse en relación con ella, que eran en 1958 una materia altamente especializada, a veces ignorada por los físicos profesionales que no la tomaban generalmente con seriedad, es ahora asunto de conferencias internacionales exclusivamente dedicadas a ello. Einstein puso en duda los fundamentos de la mecánica cuántica y, por tanto, también en *este* respecto estaba cincuenta años por delante de su época.

6. *Relatividad y determinismo*

Determinismo y libertad es nuestro problema. ¿Hay en alguna parte de la física moderna alguna indicación a favor del determinismo? Podemos mirar el continuo espacio-temporal de la teoría de la relatividad en la que la historia de todos los objetos se puede representar tetradimensionalmente: el tiempo se representa en una coordenada, representando las otras tres dimensiones espaciales. La creación de una partícula en un instante y su desintegración en un tiempo posterior representan dos puntos en este diagrama. La historia de la partícula se indica por una curva que une estos dos puntos. La curva refleja los movimientos de la partícula, y su historia queda por lo tanto grabada en el diagrama. El diagrama es estático, cada punto representa donde y cuando se encuentra la partícula; la curva se llama la línea de universo. Los cuerpos extensos se representan por «tubos» de universo. Cada objeto y cada persona tiene su propio «tubo» de universo. Ahí, ante nuestra abstracta mirada yace nuestra línea de universo, quizá completamente determinada, con todas nuestras futuras alegrías y pesares. Quizá vaya en este sentido lo que escribió Einstein con ocasión de la muerte de su amigo Michele Besso, poco antes también de su propia muerte (18): «Michele ha dejado este mundo extraño justo antes que yo. Esto no tiene importancia. Para nosotros, físicos convencidos, la distinción entre pasado, presente y futuro es una ilusión, si bien una ilusión persistente».

La existencia de un «tubo» de universo en un marco tetradimensional estático no implica en sí misma determinismo. Muestra meramente que ocurren cosas concretas. Otra cuestión es si estos hechos están fijados por causas anteriores, o se producen por casualidad.

A primera vista, la posibilidad de libre albedrío parece aumentarse por el indeterminismo. Pero el indeterminismo permite hechos casuales. Si ellos influyen en los estados cerebrales de un agente, sus acciones, aunque parezcan debidas al libre albedrío, reflejarán también un elemento aleatorio en su cerebro, aunque él no se dé cuenta de ello ¿Es él realmente libre o está sometido a procesos aleatorios? La *misma* posibilidad se puede ver en un universo *determinista*, en el que las acciones individuales pueden ciertamente causar resultados definidos. Se trata entonces de la cuestión de si estas acciones están ellas mismas predeterminadas. ¿Es el agente tan libre como él se cree? De nuevo aquí se vislumbra la posibilidad de una posición intermedia. Mientras que el agente humano cree que es realmente libre, estudiosos de sus estados cerebrales pueden concluir que está trabajando bajo una concepción errónea y que sus acciones están, de hecho, predeterminadas. Un análisis adecuado de este asunto es más bien sutil. Depende de qué definición de libre albedrío entre las varias posibles se adopta; no podemos perseguir aquí este tópico (5) (12). Si bien la relatividad es una teoría determinista, sus rasgos deterministas se hacen más inciertos cuando se introduce el observador, como veremos a continuación.

Nuestro observador se sienta en su silla, y su línea de universo PQ se dirige hacia arriba (si dibujamos el tiempo hacia arriba). Por simplicidad no escribimos las coordenadas y ni z. Una señal lenta AO puede alcanzar al observador desde A. Es lenta, puesto que cubre la corta distancia AP en el tiempo PQ. Una señal más

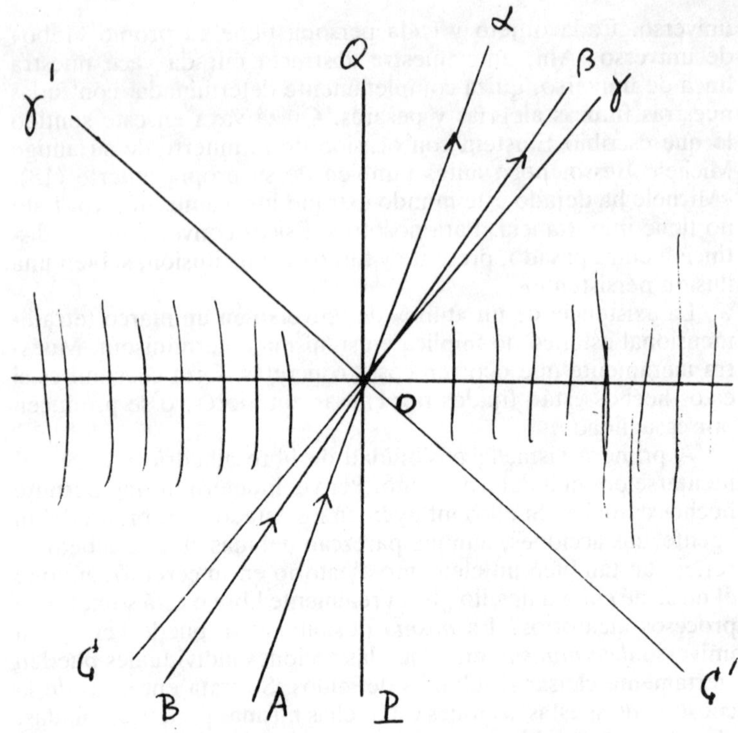

Diagrama espacio-temporal. OP define el cono de luz pasado para O, y OQ el cono de luz futuro. Las zonas sombreadas representan regiones de sucesos que no se encuentran ni en el futuro estricto de O ni en su pasado estricto.

rápida BO también puede alcanzarlo, y la señal más rápida, la luz, puede alcanzarlo desde C. Las señales desde puntos tales como D,E o F no pueden alcanzarlo, tendrían que viajar demasiado aprisa; el observador en O puede ser influenciado solamente por hechos que ocurran en su cono de luz pasado, OCPC'. Similarmente, él sólo puede influenciar hechos que ocurran en su cono de luz futuro, Oγ Qγ'. La región ensombrecida verticalmente se refiere a sucesos que no pueden interaccionar con el observador en O. Por tanto, se ve fácilmente que, al transcurrir el tiempo y avanzar el observador de O a O', pueden influenciar al observador los hechos que ocurren en la región ensombrecida horizontalmente. Esos nuevos hechos no estaban casualmente relacionados con el observador anteriormente, sugiriéndose por tanto la posibilidad de indeterminismo, puesto que ocurren siempre acontecimientos nuevos al avanzar el observador por su línea de universo.

Existe un punto de vista alternativo en la relatividad que sugiere determinismo (9) (10), pero no podemos discutirlo ahora. En todo caso, volveremos al final a la cuestión general.

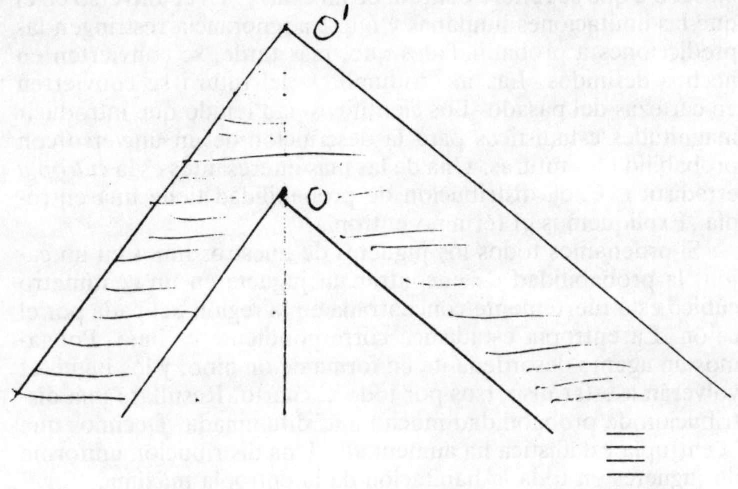

Diagrama espacio-temporal. Hechos *nuevos* de la región sombreada influyen a quien exista en O', pero todavía no cuando él esté en O.

7. *La entropía*

Existe una teoría según la cual el universo se descompone en diferentes universos en cada transición cuántica, de modo que la comunicación entre los diversos universos no es posible (la idea de Everett antes mencionada). Este punto de vista incorpora millones de universos actualmente existentes, los cuales cubren todas las ocurrencias concebibles. En algunos de ellos no ha ocurrido el reciente terremoto de Méjico, en otros la vida no existe (3). Esto lleva inmediatamente a la siguiente cuestión: ¿qué restricciones hay en las constantes básicas de la naturaleza que permitan desarrollarse la vida y aparecer una humanidad que estudie

29

el universo? La constante de Planck h, la velocidad de la luz c, etc., podrían tener diferentes valores en otros universos. Es interesante calcular estas restricciones, y esto se ha hecho en relación con el llamado «principio antrópico» (14). Para ahorrar tiempo prescindiré de estos posibles universos en la discusión, ya que ello nos cargaría con un inmenso y excesivo bagage científico sin verificación experimental. Con esta exclusión, el universo aparece una sola vez. Está dado. ¿Qué es, entonces, el universo *probabilístico* a que se refiere el título de mi charla? Es el universo en el que las limitaciones humanas y nuestra ignorancia restringen las predicciones a probabilidades que, más tarde, se convierten en hechos definidos. Las incertidumbres del futuro se convierten en certezas del pasado. Los científicos han tenido que introducir magnitudes estadísticas para la descripción de un universo con probabilidades futuras. Una de las más interesantes es la *entropía* estadística. Cada distribución de probabilidad tiene una entropía. Expliquemos el término entropía.

Si ordenamos todos los juguetes de nuestros niños en un cajón, la probabilidad de encontrar un juguete en un centímetro cúbico está fuertemente concentrada en la región ocupada por el cajón. La entropía estadística correspondiente es baja. Pongamos un agente desordenante en forma de un niño, y los juguetes volverán a estar dispersos por todo el cuarto. Resultará una distribución de probabilidad mucho más difuminada. Decimos que la entropía estadística ha aumentado. Una distribución uniforme de juguetes en toda la habitación da la entropía máxima.

Se puede definir el «desorden» como la entropía presente dividida por la entropía máxima alcanzable. Numéricamente está por tanto entre cero y uno. De manera que *normalmente* la entropía y el desorden aumentan a la vez, aunque formalmente hemos conseguido desenganchar los conceptos «desorden» y entropía. Podemos avanzar un paso más. Puesto que el «desorden» está comprendido entre cero y uno, se puede definir el «orden» por

$$\text{«orden»} + \text{«desorden»} = 1$$

El resultado habitual todavía es válido, es decir, la entropía y el «desorden» aumentan juntos.

¡Pero no tiene por qué ser siempre así! Supongamos que el cuarto está limpio y dejemos que el cajón de juguetes se disperse por todo el cajón. La entropía entonces aumenta, pues los juguetes, aunque siguen en el cajón ocupan un espacio mayor. Supongamos además que la habitación se agrande más aprisa aún. Entonces la entropía máxima alcanzable aumenta más rápidamente que la entropía actual, de manera que el «desorden» disminuye. Hemos llegado a un resultado notable: la entropía aumenta, el «desorden» disminuye. En este caso, por lo tanto, la entropía y el «orden» aumentan a la vez (9) (10) (11), contrariamente a lo que normalmente se espera.

La razón de señalar esta posibilidad es la de que los sistemas biológicos crecen, el universo se expande, y hay muchos otros sistemas de este tipo. Es precisamente en estos casos cuando necesitamos saber por qué el orden puede aumentar con la entropía, y las ideas anteriores pueden apuntar hacia una explicación.

La importante variable llamada entropía nos da, como es bien sabido, la principal flecha del tiempo en la física. Puesto que el universo es probabilístico, es posible hablar incluso sobre la entropía de universos modélicos (no tan fácilmente del universo real, que es demasiado complicado). Su entropía aumenta, pero, en virtud de las ideas que acabamos de introducir, podemos comprender que también puede hacerse más ordenado, si se expansiona con suficiente rapidez.

Debe señalarse también que no hay muerte térmica si nuestro universo es de tipo oscilatorio. Existe la posibilidad entonces de que incluso si la vida queda destruida en el ciclo actual, pueda, como el ave Fénix de sus cenizas, surgir de nuevo en el siguiente ciclo. Las pinturas de Miguel Angel en la Capilla Sixtina adquieren entonces una nueva interpretación; pueden aplicarse al futuro: indican el comienzo del ciclo siguiente.

8. *Conclusión*

Los cometidos científicos no pueden, en mi opinión, proporcionar respuestas definitivas al problema del determinismo. ¿Podrá hacerse en el futuro? Creo que incluso muchos cerebros humanos puestos a trabajar juntos son una herramienta demasiado débil para elucidar los entresijos del cerebro humano en detalle. Se harán grandes avances aquí y allá, pero la cuestión básica del determinismo no será respondida por la ciencia. Hay quien es más optimisma. Quien cree que la ciencia está a punto de responder a cuestiones tales como: ¿Qué es la materia, qué es la vida, qué es la mente? (3). Pero a mí me parece en principio imposible.

31

Los métodos científicos no se prestan ellos mismos a estas tareas, que conducirían a las verdades últimas. Estas no son para los hombres, sino sólo para Dios.

El orden de marcha de los científicos se realiza desde el efecto hasta su causa, o de la causa al efecto; pero no es adecuado para el estudio de las causas primeras. Una causa primera es una categoría de pensamiento que no existe en la ciencia. Las cadenas causales son largas y se pierden a la vista de los diligentes científicos en una nebulosa de incertidumbre, en el ocaso de la duda. La ciencia tiene que callarse sobre las cuestiones últimas como el orígen del universo, la existencia de Dios, la estructura de los constituyentes últimos de la materia. Aquí sólo nos sirve de guía la fe. Y esto quiere decir que uno ha llegado al final, según las convicciones y las preferencias emocionales de cada individuo.

Referencias

1. M. Born, «Continuity, determinism and reality», Kgl. Danske Videnskab, Selskab, *30* N.º 2 (1955).
2. «Colston Research Society» (Londres, Butterworths, 1957), *9*, págs. 139-147.
3. P. Davies, *God and the Physicists* (Nueva York: Simon and Schuster, 1983).
4. B. D'Espagnet, *Conceptual Foundations of Quantum Mechanics*, 2ª ed. (Reading, Mass: Benjamin, 1976).
5. D.A. Evans and P.T. Landsberg, «Freewill in a mechanistic Universe?» en *An extension Brit*. J. Phil. Sci. *23* 239 (1972).
6. J. Frod, «How random is a Coin Toss?», «Physics Today», *36* N.º 4 (1983).
7. S. Hook, (Ed.), *Determinism and Freedom in the Age of Modern Science* (Nueva York: New York Univ. Press, 1958).
8. P.T. Landsberg, «On heterological paradoxes», «Mind», *62*, 374 (1953).
9. P.T. Landsberg, «Time in statistical physics and realtivity», «Stadium Generale», *23*, 1108 (1970); reimpreso en *The Study of Time* (J.T. Fraser, F.C. Haber, G.H. Müller, Ed.; Berlín: Springer, 1972, págs. 59-109), 13.
10. P.T. Landsberg, *Thermodynamics and Statistical Mechanics* (Oxford University Press, 1978), Apéndice I.

11. P.T. Landsberg, «Can Entropy and Order increase together?», «Phys. Lett», *102A*, 171 (1984).
12. D.M. Mackay, *The Clocwork Image* (Inter-Varsity Press, 1974).
13. P. Mittelstaedt, *Philosophical Problems of Modern Physics* (Dordrecct, Reidal, 1976), pág. 109.
14. W.H. Press, «Man's Size in Terms of fundamental Constants», «Am. J. Phys.», *48* 597 (1980).
15. I. Prigogine y I. Stengers, *Order out of Chaos* (New York: Bantam Books, 1984).
16. C.W. Rietdijk, «Special relativity and determinism», «Philosophy of Science», *43* 598 (1976).
17. R. Shaw, «Strange attractor, chaotic behaviour and information flow», «Z. Naturf.», *36a* 80 (1981).
18. P. Speziale (Ed.), *Albert Einstein-Michele Besso. Correspondance 1903-1955* (París: Hermann, 1972).
19. R. Thom, «A dynamic Theory of morphogenesis» en *Towards a Theoretical Biology I* (C.H. Waddington Ed. Edinburgh University Press, 1968), «The source of catastrophe theory».
20. G. Toraldo Di Francia, *The investigation of the Physical World* (Cambridge University Press, 1976), pág. 278.

Jorge Wagensberg: Su alusión al teorema de Gödel me sugiere una ilustración que acaso pueda servir ya como primera referencia al concepto de libertad. Imaginemos un juego como el ajedrez que se desarrolla entre dos inteligencias. Supongamos que una corresponda a un pobre mortal y que la otra represente a un demonio de Laplace o, si se prefiere, a un dios con el mismo conocimiento teórico que su oponente, pero dotado de una capacidad de cálculo tan grande y rápida como se quiera. Las partidas constituyen un conjunto formal, aritmetizable, numerable y supongamos (aunque no es el caso del ajedrez) que también infinito. Si en tal juego es posible definir *consistentemente* una jugada *buena* (que no sea buena y mala a la vez), entonces el teorema de Gödel abre una interesante posibilidad: el demonio puede llegar a encontrarse en una posición tal que le obligue a analizar la bondad de una jugada *indecidible*, esto es, no determinable ni como buena o mala. ¿De qué le serviría entonces al demonio su abusiva superioridad de cálculo? Se atascaría y terminaría perdiendo porque, como se diría en la jerga del ajedrez, «se le caería la bandera». La gödeliana posibilidad de vencer a un demonio o a un dios no deja de ser reconfortante para nuestra libertad...

Peter Landsberg: Es una pregunta muy interesante, ciertamente. Sólo falta saber si es posible diseñar un juego de esta clase. Lo siento, pero no es fácil improvisar una respuesta. Incluso puede que sea muy difícil, pero tengo la sensación de que, si existe (atención, con infinitas partidas posibles), quizá sea un juego con reglas más sencillas que las del ajedrez. No sé. ¿Alguien puede hacer alguna contribución al respecto?

Jesús Mosterín: Bien, yo no estoy muy seguro de que la idea de introducir aquí el teorema de Gödel, esto es, en una introducción a la cuestión del indeterminismo, sea precisamente una idea afortunada. Según Gödel, en el mundo de los números naturales, todo es perfectamente determinista. Lo único que muestra el teorema de Gödel es que no existe un sistema formal que dé cuenta de su propia globalidad, de que existen unos límites en el establecimiento de un lenguaje referido a sí mismo y que sirva para definir lo que es *verdad* o cualquier otra cosa. En todo caso, el determinismo es absoluto, sólo que, para obtener ciertos resultados, un único algoritmo no basta, se necesita toda una jerarquía de algoritmos. Supongo que nuestra discusión debe dirigirse más bien en otro sentido; usted ha dicho ya que el dilema no está en si necesitamos un único sistema formal o toda una serie de sistemas formales, sino en saber si el mundo natural es o no es tan determinista como el de los números naturales. Por eso creo que el teorema de Gödel no puede ser un argumento a favor del indeterminismo de la naturaleza.

Peter Landsberg: Estoy de acuerdo con casi todo. He introducido la paradoja y el teorema de Gödel sólo para mostrar que existen muchos casos en los que ningún juicio es posible: en el seno de semejante sistema no podemos concluir que tal cosa es cierta o falsa. He querido dar un ejemplo de incompletitud para indicar que en las matemáticas existen más dificultades de las que uno podría esperar. En mi charla no he utilizado el teorema para defender una posición determinista o indeterminista. Ni siquiera me he definido sobre una postura u otra. Lo que me ha interesado es advertir que existen problemas incluso cuando todo es una construcción humana. Este era mi punto de vista.

Günther Ludwig: Quiero hacer un comentario con respecto a la incompletitud de las teorías matemáticas que emplea la física. Hay algo que me parece esencial: las teorías matemáticas que aparecen en la física son mucho más incompletas de lo que predice el teorema de Gödel. Esto significa que hay posibilidades en la naturaleza que no están limitadas por probabilidades. En la mecánica cuántica tenemos un ejemplo magnífico: la teoría matemática me deja, como posibilidad para una medida futura, dos alternativas: la medida de la posición de una partícula o la medida de su momento. En la teoría matemática la proposición queda abierta de modo que yo puedo medir una cosa o la otra, depende de mi elección como ser humano.

Peter Landsberg: Sí. Su libertad para medir y para elegir su próxima medida va más allá que el teorema de Gödel. Es verdad.

Carles Ulisses Moulines: Si no he entendido mal, el determinismo para usted es el producto de una falta de certeza, algo así como una regla del juego. La ciencia estaría entonces íntimamente ligada a la falta de conocimiento, y la idea de probabilidad que usted ha manejado en su charla sería fundamentalmente la de una probabilidad subjetiva, una especie de grado de conocimiento. Pero, por otro lado, en otros momentos de la charla, he tenido la impresión de que aludía a un universo intrínsecamente probabilístico...

Peter Landsberg: Entiendo. Mi idea es la siguiente: aunque el universo sea probabilístico, una cosa es segura: las cosas ocurren, y ocurren realmente. Y yo he sugerido, es verdad, que el carácter probabilístico hay que asociarlo al conocimiento humano. Predecimos el futuro con cierta probabilidad porque nuestra información no es suficiente. En la física cuántica, sólo tenemos probabilidades, también es verdad, pero la cuestión está en saber si las cosas ocurren independientemente de que nosotros estemos ahí para observarlas. Puede ser muy bien que no sepamos lo suficiente como para hacer predicciones definitivas. Así es que el término «probabilístico», que aparece en el título de mi conferencia, se refiere, sí, a la ignorancia humana. En cierto sentido, todo es determinista porque «las cosas ocurren». No hay otra alternativa excepto, en todo caso, para este extraño modelo de «muchos universos» que he citado brevemente. Se trata de otro modelo en el que, sin embargo, no creo.

Rolf Tarrach: Sus últimas palabras me sorprenden un poco. Si un universo probabilístico equivale a una falta de conocimiento, entonces, es que cree en algo más profundo que la mecánica cuántica, en eso que usted ha llamado la «mecánica-X». ¿Cómo interpreta entonces las desigualdades de Bell y ciertos experimentos que parecen demostrar precisamente lo contrario?

Peter Landsberg: Bien, sí, tiene usted razón, pero todo ello se refiere sólo a la mecánica cuántica. Existen no obstante otras teorías y a ellas me refería cuando mencioné a Mefistófeles. Dentro de cien años es concebible (y digo concebible, no que yo crea en ello) que dispongamos de otra mecánica que nos permita hacer predicciones definitivas. Si tal posibilidad se diera, las desigualdades de Bell serían sustituidas por otra forma de ver las cosas.

Rolf Tarrach: Entiendo, pero supongo que se da cuenta de que semejante posibilidad implicaría teorías no locales y sin acción a distancia...

Peter Landsberg: Claro, claro. Pasarían cosas muy raras.

Albert Bramón: Me gustaría tocar otro aspecto de la mecánica-X. Supongamos que ya tiene usted su mecánica-X y además con el mismo mérito que la cuántica a la hora de explicar experimentos. ¿Con cuál nos quedamos? ¿Es sólo una cuestión de gusto? ¿Hay alguna razón para preferir la que es determinista?

Peter Landsberg: Creo que su pregunta equivale a la siguiente: ¿por qué buscar otra teoría si la que tenemos ya funciona? Bien, yo creo que hay una razón. Nuestra mejor teoría (en este caso la cuántica) sólo establece predicciones probabilísticas. Pero el futuro sólo se desarrolla de una manera. O llueve o no llueve. Si llueve y nosotros habíamos predicho tal cosa con una probabilidad del 95%, la predicción no ha sido mala. ¡Pero podría haber sido mejor!

Carles Lamote de Grignon: Se trata más de un comentario que de una pregunta. En la primera parte de la exposición se ha referido a problemas teóricos de la física, lo cual no es mi terreno, pero en las conclusiones finales se ha referido al comportamiento humano, que sí lo es. Nosotros, que durante años y años hemos estudiado al recién nacido y al lactante en miles de casos, hemos llegado a la conclusión de que la conducta no es sino el resultado de un sistema: el neuromioendocrino en interacción permanente con el medio. Toda perturbación en este sistema (un sistema biológico abierto, que se regula por neguentropía) afecta a la conducta del individuo. Y lo mismo ocurre con respecto al medio. En sus conclusiones ha mencionado unos factores que regulan el comportamiento. Pues bien, en mi opinión tal comportamiento ha de ser forzosamente indeterminista. Y el problema no es filosófico, sino «neurofilosófico». Como diría Engels, la explicación de toda conducta pasa por el cerebro o, como diría Crick, el problema central está en el estudio del cerebro.

Peter Landsberg: Creo que entiendo su postura. En mis conclusiones he dicho que la ciencia no nos orienta demasiado a la hora de las cuestiones últimas (Dios, el universo mismo ...). Debe ser la convicción de cada uno. Usted sugiere que las opiniones de un individuo están determinadas por su bioquímica y controladas por las fluctuaciones ambientales. Bien, ciertamente es algo difícil de rebatir, pero por este camino no es menos difícil evitar un clásico círculo vicioso. Para tener opiniones o para predecir el futuro usted necesita un cerebro, pero el propio cerebro es un resultado de su situación físico-química. Las opiniones se explican estudiando el cerebro, pero es el cerebro el que debe estudiar tal cosa. El ser humano interviene, pues, dos veces, una como pensador y otra como objeto del pensamiento. Es objeto y sujeto a la vez. Permítame repetir esto. El cerebro interviene dos veces, una porque elabora teorías y experimentos y otra porque se coloca a sí mismo como materia de estudio científico. Y tal circularidad existe, no sólo en su terreno, sino también en la propia física. Acabo de escribir un libro sobre los problemas conceptuales que plantea la idea del tiempo en física y para la portada he elegido precisamente la imagen de la serpiente que se come su propia cola. Todo un símbolo para expresar esa sensación de círculo vicioso que nos invade cada vez que un observador se ve involucrado.

Lluis Racionero: O, como decía Ionesco, si uno acaricia un círculo se obtiene un círculo vicioso. Es un bonito ejemplo de interacción.

Peter Landsberg: ¡Venga ese círculo!

Josep Mª Parra: Permítaseme un comentario que quizá sea útil para posteriores discusiones. El azar que maneja la física es un azar hasta cierto punto domesticado. Las probabilidades de la mecánica cuántica, por ejemplo, obedecen a ecuaciones deterministas como la ecuación de Schrödinger o la ecuación de Dirac. Pero, en el ambiente filosófico de los años veinte, el problema era si los físicos se enfrentaban a un azar esencial que no podían dominar o someter con el método científico. (Así se refleja incluso en unos comentarios de Gramsci sobre el materialismo histórico.) Y este azar esencial (no el que depende de la habilidad del experimentador o de la aplicación más o menos hábil de ciertas reglas de tal *feeling* científico) es al que le atribuimos precisamente la libertad humana.

Peter Landsberg: Sí, es un punto interesante. No estoy seguro de lo que puede ser ese azar domesticado, pero si pensamos en el lanzamiento de una moneda como el ejemplo inevitable de suceso azaroso (50% cara y 50% cruz), podemos imaginar una máquina de lanzar monedas donde todo esté perfectamente controlado. El sistema es determinista para el que controla la máquina y aleatorio para el observador inocente (todo ello para una o pocas pruebas, claro). Esta idea de azar domesticado refuerza el concepto de azar asociado a la falta de información. Pero su idea plantea una cuestión ontológica que requiere una discusión mucho más amplia.

Günther Ludwig, *nacido en Zackerick en 1918, ocupa la cátedra de Fundamentos de la Física en la Universidad Phillips de Marburg (RFA). Tuvo una estrecha relación con Heisenberg y su obra cumbre,* Foundations of Quantum Mechanics, *pretende eliminar los problemas tradicionales de tal disciplina.*

Microsistemas, macrosistemas y determinismo
Günther Ludwig

Ciertamente Galileo estableció el método de la física. Había basado la física en experimentos y en matemáticas. El creía que las matemáticas eran apropiadas para describir la naturaleza, naturaleza que se revela mediante experimentos. Rechazó la filosofía como método de la física que prescribe cómo debe parecer la física. Desafortunadamente, los sucesores no siempre prestaron atención a los métodos establecidos por Galileo. Lo veremos más adelante.

Entendido correctamente, Galileo introdujo la física como un desarrollo ulterior del arte. Veremos que la física es, de hecho, un arte, un arte muy complicado, que hoy sólo realizan los físicos mejor calificados, que son muchos. Durante todo el desarrollo histórico —y también hoy— existió el peligro de emprender caminos equivocados. Una de estas vías erróneas fue la conocida con el nombre de determinismo.

Fueron quizá los artesanos, que deseaban medir distancias y áreas, los que primero desarrollaron la geometría. No debería censurarse el desarrollo hacia una matemática pura. No obstante, se menosprecia, a partir de ciertas tesis filosóficas, el empleo de las matemáticas por parte de los artesanos, por considerarse una contaminación de la mente pura por la materia. Este desdén por los artesanos y su trabajo puede ser uno de los motivos por los que la física haya perdido el norte. Aún hoy encontramos a personas que condenan la física y la tecnología. No fue seguramente por accidente el que Cristo viviera muchos años como un artesano.

Galileo reintrodujo las matemáticas como un método de la física. Desde ese momento, no sólo se utilizó la geometría como método para describir las mediciones espaciales, sino que se planteó también la cuestión de una medición temporal. Tanteos en esta dirección fueron emprendidos por Galileo. Definir mediciones temporales significa introducir un nuevo concepto físico del tiempo, diferente de aquel tiempo que encontramos en nuestra conciencia. Para medir el tiempo se requieren procesos reproducibles. ¿De dónde tomarlos?

A nadie se le ocurriría tomar el tiempo atmosférico o las olas del océano para semejante propósito. Existe afortunadamente un proceso que parece reproducirse muy bien en la naturaleza: la rotación de la tierra. Pero éste no resulta apropiado para la medición de duraciones cortas. Así, la tarea consistió, no en la búsqueda de procesos reproducibles, sino en su construcción. El relojero como artesano se hizo necesario y el mecanismo de relojería se convirtió en el ideal de los procesos reproducibles. En la actualidad, hemos conseguido construir relojes de gran precisión, o sea, de un elevado grado de reproducibilidad (con un error de 10^{-14} segs.).

Este nuevo concepto físico de tiempo definido mediante relojes no implica nada de lo que nosotros, como seres humanos, llamamos el «ahora». Estos «ahora» no se dan en teoría física alguna, puesto que ningún reloj puede decirme cuáles de sus procesos ocurren «ahora». El «ahora» interviene en la física sólo en virtud de nuestro trabajo como físicos, es decir, como superartesanos. Lo que hemos dicho, lo que hemos establecido como hechos, fue antes de «ahora». Lo que haremos y estableceremos permanece en el futuro después del «ahora».

Pero los físicos se interesaban por los procesos reproducibles para construir, no sólo relojes, sino también máquinas de interés práctico. ¿A quién, por ejemplo, le gustaría utilizar un automóvil cuyo comportamiento no sea reproducible?

El desarrollo de la mecánica por Newton, Laplace, Hamilton, etc., originó una teoría que puede describir muy bien los citados procesos reproducibles. Describe, no sólo aquéllos que nosotros hemos elaborado, sino también algunos de los que se dan en la naturaleza como, por ejemplo, el sistema planetario. Pero ¿qué hay de los procesos como el tiempo atmosférico o como el movimiento del agua en una fuente?

No obstante, la teoría de Newton es una teoría tan brillante que los astronautas de hoy vuelan «gracias a Newton». El impresionante éxito de la teoría de Newton inclinó a los científicos hacia interpretaciones filosóficas que luego fueron halladas falsas. Estas imaginaciones filosóficas fueron confirmadas por un nuevo campo de la física: los procesos electromagnéticos. Esta disciplina, y su estructura, fueron detectadas mediante actos humanos llamados experimentos. Estos actos fueron sin duda actos de unos artesanos llamados físicos.

La filosofía puesta en boga por estas teorías pretendía que todas las teorías físicas tuvieran esa forma de evolución temporal determinista debido a la ley de causalidad. Pero si no tenemos en cuenta esta superestructura filosófica, no queda más que un círculo vicioso: tratamos de separar procesos reproducibles y construímos una teoría para estos procesos. Entonces, afirmamos haber detectado, mediante la teoría, que los procesos son reproducibles. Este razonamiento no expresa que no hemos detectado una ley de la naturaleza. Hemos sin duda detectado una ley de la naturaleza en el sentido de que nosotros, como artesanos, podemos producir estos procesos reproducibles en el dominio de la mecánica y de la electrodinámica. Y hoy empleamos estos procesos en tal medida en nuestra vida cotidiana que no sabríamos vivir sin ellos.

La filosofía de la necesidad de una dinámica determinista fue tan generalmente aceptada que hoy parece una broma de la historia física el que se conciba el mundo como un gran mecanismo de relojería o a los seres humanos como máquinas muy complicadas. Hoy sabemos muy bien cuántos y cuán grandes esfuerzos son necesarios para que nuestros productos técnicos sean más y más fiables, y que nada es del todo seguro. Aun así, cierto aspecto de la imagen del mundo como un mecanismo de relojería ha resultado correcto. Cada una de estas teorías dinámicamente deterministas deja abiertos los llamados valores iniciales, es decir, aquella parte que puede ser preparada arbitrariamente. La cuestión que surge entonces es la de cómo se elaboró el mundo entero. Esta cuestión es aún la misma en los modelos cosmológicos modernos. Hoy contestamos: gracias al «Big Bang». Pero también ésta no es sino una contestación relativa, pues consiste en una extrapolación hacia una singularidad; y una singularidad matemática no es una solución física. En el pasado se decía «gracias a Dios» o se rehuía el problema afirmando que el mundo existe desde un tiempo infinito.

En este contexto, debe destacarse que son falsas todas las afirmaciones que aseguran que la física ha demostrado el carácter infinito de esto o de aquello. No creáis estas aseveraciones. La física nunca puede probar que algo es infinito, puesto que la física se basa en gran número, pero siempre finito, de resultados y experimentos. La física, por tanto, sólo puede demostrar el carácter finito de esto o aquello, o no puede demostrar nada. Si empleamos conjuntos infinitos en las teorías físicas, estos infinitos son únicamente ingeniosas extrapolaciones tras las que ocultamos nuestra ignorancia (1). De modo que resultaría cómico transformar ignorancia en conocimiento profundo. Ninguna afirmación sobre el carácter infinito del mundo tiene que ver con la física; semejante afirmación sólo puede efectuarse en un contexto filosófico o religioso.

La invención de la mecánica cuántica como una descripción de las estructuras atómicas fue un choque tal para la filosofía del determinismo que se experimentó como una sensación de desplome de todas las teorías físicas que hasta entonces habían existido, como una refutación de la ley de causalidad, como una revolución en física. Pero nada de todo esto es cierto. Ni la mecánica de Newton ni la electrodinámica de Maxwell fueron abandonadas. Hoy son tan buenas teorías como lo eran entonces: para nuestros desarrollos técnicos incluso más importantes que antes. No hubo revolución alguna, tan sólo una evolución hacia nuevas teorías que describen nuevas y más amplias posibilidades para nuestro arte de la física. Lo único que ocurrió fue que quedó truncado un camino equivocado para el desarrollo de la física, un camino que pasaba por la filosofía como un método de la física en contra de la idea de Galileo de la física como un arte. Si se hubiera continuado en la línea de los principios postulados por Galileo, se habría evitado semejante error. Podéis afirmar que es mucho más sencillo juzgar después que antes. Pero voy a criticar ahora de la misma forma algunos aspectos de la física actual.

Una estructura esencial de la física moderna es la que normalmente se llama «probabilidad». Y aquí encontramos otra vez las más abstrusas imaginaciones. El choque causado por la mecánica cuántica fue tan profundo que se inventaron muchos cuentos de hadas. Si se toma un libro que trata de divulgar microsistemas como los átomos, uno se asombra al comprobar que no se sabe cuánto hay en él de cuento de hadas y cuánto de hechos.

Decepcionados por el indeterminismo de la mecánica cuántica, trataron de salvar lo que podía salvarse, inventaron el siguiente cuento de hadas: *puede suceder que los procesos en microsistemas sean accidentales y estadísticos; pero, para macrosistemas que consisten en muchas partículas, las desviaciones estadísticas se*

44

compensan debido al gran número de partículas. Así, los macro-
sistemas siguen una dinámica determinista. A veces, se añade la
siguiente fantasía: *un electrón individual, como microsistema,*
puede decidir libremente lo que hará; pero muchos electrones se
comportan de forma determinista.

¿Qué hay de la «probabilidad» en física y especialmente en
mecánica cuántica?

Hemos visto que la reproducibilidad de procesos en el mundo
macroscópico de los artesanos no es una ley general de la naturaleza. Unicamente es posible seleccionar estos procesos deterministas mediante procedimientos especiales de elaboración, o encontrar algunos en la naturaleza como, por ejemplo, el sistema
planetario. También hemos visto que con fines prácticos se hacen
grandes esfuerzos por construir máquinas reproducibles. Nuestro
trabajo como físicos nos muestra que no es siempre posible elaborar macrosistemas de forma que las acciones de unos sobre
otros de estos macrosistemas sean reproducibles. Ningún esfuerzo logra producir interacciones reproducibles de macrosistemas
en casos tales como la acción de una muestra de uranio sobre un
contador. ¿Qué podemos hacer en estos casos?

Cuando los procesos individuales no pueden hacerse reproducibles, tratamos de encontrar procedimientos tales que hagan reproducibles las frecuencias de los distintos procesos, al repetir
muchas veces los experimentos de acuerdo con estos procedimientos. Así, reemplazamos la demanda de procesos reproducibles por la demanda de reproducibilidad para las frecuencias de
los distintos procesos.

No es nueva la demanda de frecuencias reproducibles para
máquinas. El procedimiento más antiguo es el del juego de los
dados; también es muy famoso el de la ruleta. El artesano debe
trabajar muy bien para garantizar una buena reproducibilidad de
las frecuencias iguales para los distintos números de una ruleta.
Esto es necesario para que el casino gane dinero. Pero todas estas
máquinas fueron fabricadas para el juego. El interés físico actual
radica en procedimientos en los que las frecuencias no se pueden
construir a capricho, sino que están determinadas por los propios
procedimientos. En este sentido, se detectan estructuras de la
naturaleza como, por ejemplo, el de una muestra de uranio que
interacciona con un contador.

La descripción matemática de estas frecuencias reproducibles
está constituída por lo que en física llamamos «probabilidad». En

física, estas frecuencias reproducibles son siempre frecuencias de procesos macroscópicos relativos a procedimientos macroscópicos (véase II en 1 y §2 en 3). No se define probabilidad alguna para uno de los procesos individuales. Así, los microsistemas se detectan como portadores de acción de un macrosistema a otro (véase III en 3). Nosotros seleccionamos para los experimentos físicos sólo aquellas interacciones para las que las frecuencias de las diferentes acciones son reproducibles. Insistiendo una vez más, la reproducibilidad no se da por sí misma, sino que hemos de realizar esfuerzos técnicos para conseguirla (véase XIII en 3).

La mecánica cuántica de microsistemas, como, por ejemplo, electrones y átomos, no es más que una teoría aplicable a todas estas interacciones entre macrosistemas mediante microsistemas como portadores de acción. La estructura de estas acciones a través de microsistemas difiere de las mismas entre macrosistemas con las que estamos familiarizados. Tomemos dos ejemplos: una escopeta que actúa mediante balas sobre otros sistemas, y una «escopeta de electrones» que actúan mediante electrones sobre otros sistemas. Sabemos que con electrones podemos obtener frecuencias reproducibles para las acciones y que estas frecuencias deparan las llamadas franjas de frecuencia. Es imposible lo mismo con balas. Las balas pueden describirse por la mecánica determinista de Newton. Los electrones no pueden ser descritos por la mecánica de Newton, puesto que esta mecánica no prevee la posilibilidad de figuras de interferencia. Los electrones pueden describirse por la mecánica cuántica no determinista.

Otra vez se quiso borrar la diferencia de principio mediante el siguiente cuento de hadas:

La diferencia se origina en las posibilidades de medida. La trayectoria de una bala puede medirse con tan insignificantes perturbaciones que la trayectoria no resulta alterada prácticamente. La medida sobre un electrón no puede ser tan inocua como para que la perturbación pueda ser despreciada. Así, por ejemplo, no puedo conocer a la vez la posición y la velocidad de un electrón. No os creais semejantes cuentos de hadas.

En física no es interesante lo que conozco, sino lo que hago en relación con lo que puedo hacer. La mecánica de Newton para balas puede obtenerse también si únicamente se permiten mediciones muy groseras en los proyectiles, como por ejemplo, mediante las acciones de las balas sobre sacos de arena o sobre placas metálicas. La diferencia entre balas y electrones no se debe a la existencia de mediciones finas o gruesas. Se debe al hecho de que los electrones tienen un abanico más amplio de posibilidades de acción que las balas; por ejemplo, las balas no pueden producir interferencias [véase X §3,4 en (3)].

Esta reducción de las posibilidades de acción cuando pasamos de átomos a moléculas, a macromoléculas y finalmente a sistemas macroscópicos, es también la clave para entender que la descripción objetiva de macrosistemas es compatible con la mecánica cuántica [véase X en (3)]. Con esto a la vista, podemos volver al cuento de hadas de la dinámica determinista de todos los macrosistemas. Esto es falso, puesto que existen macrosistemas en interacción con una dinámica indeterminista como, por ejemplo, aquellos macrosistemas cuya interacción constituía la base para la detección de microsistemas. Si todos los macrosistemas tuvieran una dinámica determinista no existirían los microsistemas. Pero, ¿podemos decir un poco más sobre la dinámica de macrosistemas? Sí, y trataré de hacer algunas observaciones acerca de este complejísimo problema [véase X en (3)].

Si jugamos a tenis, el comportamiento de la pelota es determinista y puede ser descrito mediante la mecánica de Newton [véase X §3,4 en (3)]. Más complicada resulta la dinámica de un gas, la aerodinámica [véase X §3,5 en (3)]. Hay ciertos dominios donde esta dinámica es determinista, pero también existen otros dominios donde es indeterminista. Hay una línea general para todos los macrosistemas: una ecuación de movimiento determinista que sólo puede ser una buena descripción en el supuesto de que las soluciones sean estables [véase X §2,6 en (3)]. Una solución es estable si pequeñas variaciones de los valores iniciales implican también pequeñas variaciones en todo tiempo. En caso de inestabilidad, la dinámica determinista es falsa y debe ser reemplazada por, al menos, una dinámica estadística. Así, para una corriente turbulenta de gases, la dinámica es indeterminista. La evolución del tiempo atmosférico, por otra parte, es indeterminista.

La famosa ley del crecimiento de la entropía es válida únicamente para una dinámica determinista y, por tanto, estable [véase X §6 en (3)]. Obviamente esta ley resulta muy importante para la construcción de máquinas. Por el contrario, no es válida, por ejemplo, para el comportamiento indeterminista de los peces en un acuario. De modo que observamos que la mayoría de los sistemas que encontramos en la naturaleza no son deterministas.

Muchos de los artefactos que construimos son deterministas, pero sólo en la medida en que tengamos éxito.

Quizá produzca extrañeza el que yo no haya utilizado las palabras *azar* o *accidente*. No ha sido accidental, sino intencionado. En física no es necesario utilizar estas dos palabras. Estas palabras no representan conceptos científicos.

Hoy tenemos tendencia a cometer el mismo error que nuestros antepasados cuando querían demostrar, mediante métodos filosóficos, que todas las dinámicas debían ser deterministas. Sentimos la tentación de demostrar, sobre la base de conceptos filosóficos, que, para grandes números de repeticiones, las frecuencias son reproducibles con elevada probabilidad. Desgraciadamente, varias filosofías aseguran proporcionar la verdadera comprensión de las probabilidades. Se requeriría un voluminoso libro para describir todas estas filosofías. Mencionaremos brevemente tan sólo dos conceptos de azar o accidente.

Uno es una interpretación ontológica. Existe un indeterminismo ontológico en el sentido de que la realidad, en casos individuales, puede decidir entre varias posibilidades y que hay cierta «propensión» para las distintas decisiones. La decisión individual es accidental; pero a causa de las diferentes propensiones, una frecuencia reproducible para las distintas decisiones es viable para números elevados de casos iguales.

Si esta interpretación ontológica se utiliza cuidadosamente, no puede encontrarse una contradicción con la descripción física. Pero esta demostración filosófica de las frecuencias reproducibles no es más rigurosa que la del determinismo por la causalidad. Yo no creo en accidentes ontológicos; y un poco más adelante diré por qué.

La segunda interpretación de probabilidad es de cáracter subjetivo. La probabilidad es un peso para la ocurrencia de las distintas posibilidades. Este peso depende del conocimiento que yo poseo antes de los acontecimientos. Estos pesos sólo tienen sentido para hechos que han de ocurrir y no para aquéllos que a mí me consta ya ocurrieron. El concepto físico de probabilidad, por el contrario, puede también ser aplicado a hechos que han ocurrido ya. El concepto subjetivo no es el físico, y el concepto físico no puede fundamentarse en el subjetivo. La relación inversa es, no obstante, correcta. Si conozco las frecuencias reproducibles para los procesos en un mecanismo, puedo utilizar este mecanismo como una máquina de juego y puede hacer una estimación de mis posibilidades de ganar. Los físicos, en tanto que físicos, no son jugadores. Ellos miden únicamente las frecuencias reproducibles.

No tiene sentido demostrar sobre una base filosófica que en la naturaleza existen accidentes reales y que éstos deben estar controlados mediante propensiones. En efecto, las teorías físicas, no sólo describen posibilidades delimitadas por frecuencias reproducibles, sino también posibilidades libres [véase §10 en (1) y XIII en (3)].

Ningún accidente ontológico (con o sin el concepto de propensión) puede fundamentarse en la ciencia. Voy a dar dos argumentos para justificarlo.

La teoría de la evolución de la vida sobre la tierra no es más que una aplicación de la física a un proceso dado en la naturaleza. Es sabido que, con este propósito, el concepto de accidente o azar se emplea en gran escala. Es cierto que esta evolución es un proceso reproducible. Pero ¿qué significa el concepto de accidente en este contexto?

No es accidental el que se utilice el concepto ontológico de accidente, puesto que se desea persuadir al lector de que la ciencia ha encontrado la explicación concluyente para el desarrollo del mundo. El lector (o el oyente) está completamente predispuesto a aceptar el concepto de accidente en la medida en que se presenta como un concepto científicamente establecido. Pero accidente o azar no es un concepto científico. Si se sustituye la palabra «accidente» o «azar» por «acción de un fantasma», por ejemplo, toda la esencia científica de la descripción de la evolución de la vida queda inalterada.

Yo, personalmente, no creo ni en fantasmas ni en accidentes ontológicos. Deseaba simplemente demostrar cuán fácil es, de manera inconsciente, añadir imaginaciones filosóficas a las explicaciones científicas y vender estas imaginaciones como últimos hallazgos científicos. ¿Es falsa, entonces, la explicación de la evolución que se ha descrito? Si se toma la palabra «accidente» o «azar» sólo como un sinónimo del concepto físico de una «realización de una posibilidad teórica», entonces la descripción muestra que la evolución de la vida no está en contradicción con las teorías físicas.

Pero tampoco el comportamiento de mi cerebro está en contradicción con la física. En relación con ello, circula otro cuento de hadas: *un cerebro no es más que un proceso físico complicado, más o menos indeterminista.* Este cuento de hadas nos lleva, de nuevo, a uno de los famosos círculos viciosos. El método de la física sólo permite conceptos tales que puedan ser reducidos a las acciones y al lenguaje de los artesanos. En este sentido físico, sólo es real lo que puede ser detectado mediante indicadores en dispositivos. Sin entrar en un círculo vicioso, esta realidad física no necesita ser la realidad total. Y en el caso de mi cerebro, yo sé que no es la realidad total.

No hay definición física para un hermoso sonido que oigo ni para un hermoso cuadro que observo. Puede haber correlaciones entre estos hechos en mi conciencia y las indicaciones sobre dispositivos influidos por mi cerebro. Pero si los físicos quieren saber por medio de estas indicaciones si estoy oyendo un hermoso sonido, deben *primero* conocer el concepto no físico de oír un hermoso sonido y quizá puedan entonces descubrir una traslación de este concepto a una estructura de indicaciones en dispositivos especiales. Los físicos no pueden introducir primero una estructura de indicaciones y después *definir* mediante esta estructura lo que significa oír un hermoso sonido. Que esta última forma de razonar no es posible se sigue del hecho de que puedo decidir si su definición es correcta o falsa sobre la base de un conocimiento que yo tengo antes de aquella definición; es decir, no era de ninguna forma una definición.

Puesto que mi conocimiento llega así más allá de la descripción física de mi cerebro, a veces puedo decir más que la física sobre la realización de una posibilidad teórica (llamada accidente, de forma imprecisa). Cuando el físico que mide mi cerebro afirma que un proceso especial es una realización indeterminada de una posibilidad, puedo decir que yo he decidido esta realización. Yo sé que esta realización no fue un accidente ontológico, sino que fue una decisión de la cual yo soy responsable. Así, no existe contradicción entre física y libertad.

Por el contrario, sin libertad no hay física. Si simplemente nos hubiéramos paseado por la naturaleza limitándonos a observar, observar y observar, ninguna física se habría desarrollado jamás. No es *ver,* sino *hacer* lo que resulta esencial para la física. El observador invocado a menudo en física es esencialmente activo, la mayor parte de las veces incluso creativamente activo. Lo observado es únicamente un conjunto de indicaciones en aparatos, pero esto cualquiera puede hacerlo, incluso alguien que no entienda nada de física. Hoy tales indicaciones se registran en

50

memorias de ordenadores y allí quedan almacenadas a nuestra disposición.

Una física pura y una física aplicada (es decir tecnología) no pueden separarse. La física actual es una amplia y conectada red de teorías con sus correspondientes realidades y posibilidades. Esta física comprende la química, la biofísica y gran parte de la medicina. Pero es imposible realizar todo lo que es posible, puesto que no existen suficientes seres humanos ni hay tiempo suficiente para ello.

Así que hemos de seleccionar lo que realizamos, querámoslo o no. Somos responsables de nuestras selecciones. Podemos salvar la vida y destruir la vida, en ambos casos con ayuda de la física. Pero no podemos construir la paz como construimos un puente sobre un río. La paz es finalmente un don y no una conquista.

Referencias

1. G. Ludwig, *Die Grundstrukturen einer physikalischen Theorie* (Springer, Berlín-Heidelberg-Nueva York, 1978).
2. G. Ludwig, *Foundation of Quantum Mechanics*, 2 vols. (Springer, Berlín-Heidelberg-Nueva York, 1983/85).
3. G. Ludwig, *An Axiomatic Basis for Quantum Mechanics*, 2 vols. (Springer, Berlín-Heidelberg-Nueva York, 1985/87).

Luis Navarro: Me ha interesado su mención del cuento de hadas, lo cual supone hablar del «observador» en mecánica cuántica. Según esto, el papel del observador en cuántica se diluye en un sentido muy parecido al que ya tenía en la física clásica. ¿Existe para usted alguna diferencia entre el papel del observador clásico y el del observador cuántico?

Günther Ludwig: Para mí no existe la menor diferencia, en efecto. Ambos observan los procesos a través de ingenios macroscópicos. Lo único es que, para concluir en resultados que afectan al mundo microscópico, se utiliza la física cuántica.

Jorge Wagensberg: A mí me ha despistado la última frase. Si no he entendido mal, usted ha terminado diciendo que la paz es un don y no algo que pueda conseguirse. Sin embargo, de su charla más bien se extrae la conclusión de que, en último término, sí somos responsables de nuestras elecciones. ¿Es entonces la paz independiente de nuestras elecciones?

Günther Ludwig: Mi intención ha sido establecer una diferencia clara entre la construcción de, por ejemplo, un puente (que es perfectamente accesible a la física o a la ciencia) y la construcción de algo como la paz (para lo que no bastan los esfuerzos de la física ni de la ciencia). Para tener paz se necesitan otro tipo de esfuerzos. ¿Podemos hacer tales esfuerzos? ¿Podemos producir paz? Quizá no. Quizá debamos comportarnos de una manera determinada y acaso entonces la paz sea un don.

René Thom: Durante la conferencia del profesor Ludwig me he estado preguntando si no sería un seguidor de las teorías de Lorentz. Esta idea de que todo debe tener que ver con lo pragmático, esa tendencia a sustituir el «sepa por qué» por el «sepa cómo» me parece una actitud regresiva. La ciencia moderna empieza, para mí, con Galileo Galilei. Pero no porque Galileo estuviera interesado en alguna clase de artesanía, sino porque Galileo se dio cuenta de que, a principios del siglo XVII, habían eclosionado dos ideas en las mentes de las gentes. La primera es la notación de los números reales como una sucesión infinita de dígitos, debida a Simón Stevin. Y la segunda, la noción de función matemática. ¿Descartaría usted estas construcciones intelectuales como fantasmas que no tienen nada que ver con la realidad?

Günther Ludwig: Yo diría, por ejemplo, que la discusión de Leibniz sobre si la diferenciación matemática tiene o no un significado en la realidad, no tiene sentido. La diferenciación matemática es una idealización muy buena y muy práctica, pero tras ella escondemos muchas cuestiones importantes. Por ejemplo: no sabemos nada de la estructura del espacio y del tiempo. La idealización no tiene nada que ver con la realidad. En mi opinión, ni la diferenciación de funciones ni, por ejemplo, el continuo, son idealizaciones que tengan algo que ver con la realidad. Es matemática-ficción.

René Thom: Yo podría llegar a compartir una afirmación como ésta. La estructura del espacio-tiempo no es probablemente la que en la práctica usamos en la geometría ordinaria o en el cálculo clásico. Pero, a pesar de todo, debido precisamente a su utilidad, *sí contiene* cierta clase de realidad, *sí tiene* algo que ver con la realidad. Cuando usted habla de «la forma última» me da la sensación de que se refiere a cierta ontología subyacente. Entiendo que es usted fuertemente antimetafísico. ¿Me equivoco?

Günther Ludwig: No niego que las matemáticas tengan algo que ver con la realidad. Existe, también para mí, cierta conexión, pero se trata de una conexión imprecisa. Es el científico el que debe acordar cierta imprecisión finita y, entonces, sólo entonces, puede hablarse de que las matemáticas reflejan la realidad con «tal precisión finita». Esta es mi opinión.

René Thom: ¿Debo entender que tal conexión es al menos tan precisa como lo son las leyes más finas de la física? Me refiero, por ejemplo, a un orden de magnitud de 10^{-14}, que es lo que corresponde a la definición del tiempo en ciertas frecuencias espectrales ...

Günther Ludwig: Sí, ésta es la mejor aproximación actual. Pero, aunque la precisión siga mejorando en el futuro, no creo que tenga sentido decir que sea arbitrariamente mejorable. Eso está en contradicción con la idea que yo tengo de la física. No hay posibilidad de afinar arbitrariamente la precisión. El concepto «arbitrario» no significa absolutamente nada en física.

Albert Dou: Le interpreto: la física podría llegar a demostrar que el universo es finito (si el universo lo es); pero, si el universo es infinito, la física nunca podrá llegar a demostrarlo.

Günther Ludwig: Exactamente, esto es lo que he querido decir.

Albert Dou: Y, por la misma razón, la física puede demostrar que el universo no es euclídeo, pero nunca que es euclídeo, ¿no es cierto?

Günther Ludwig: Sí, sí. Existen modelos infinitos que, en tanto que modelos, no son euclídeos. Lo único que la física puede asegurar es que tal dominio no lo es. Y, de hecho, las medidas y observaciones astronómicas ya tienen la calidad suficiente para demostrar que no es euclídeo.

Carles Ulisses Moulines: Tengo dos breves cuestiones concep-tuales. La primera se refiere al concepto de reproducibilidad. Usted ha dicho que todas las ideas con sentido físico dependen de la reproducibilidad. Pero resulta, creo, que la idea de reproduci-bilidad depende, a su vez, de los mismos hechos que se repiten en el tiempo. Es decir, la reproducibilidad presupone un concepto de tiempo, de tiempo *físico*. Y éste no es definible en términos de sucesos reproducibles. Veo aquí, por lo tanto, cierta tensión con-ceptual. Segunda cuestión: si define usted los electrones como portadores de acción en las interacciones de los microsistemas, uno puede preguntarse en principio para qué necesitamos esas cosas llamadas electrones. ¿No bastaría una teoría que describa matemática y correctamente las interacciones macroscópicas? Reducir los electrones a meros portadores de acción acaso sea, como diría Mach, ontológicamente superfluo.

Günther Ludwig: Son dos cuestiones muy distintas, en efecto. El problema de la reproducibilidad es en verdad muy profundo. Está claro que, si intento construir un reloj, no puedo tomar el tiempo anterior a esta operación, por lo que los usuarios de este instrumento (los experimentadores) me exigirán las instrucciones para su utilización. Es una cuestión muy profunda y reconozco que el concepto de reproducibilidad no es del todo comprensible en sus dificultades. Quizás podamos tratar el tema con más extensión en el debate. La segunda cuestión no es tan difícil. Es verdad: yo sí puedo contentarme con una descripción estrictamente macroscópica. Yo no necesito introducir el concepto de electrón: también es verdad. No es necesario, pero sí muy práctico. Pero en mi interpretación los electrones son también realidades. Y se hacen reales gracias a sus interacciones, o sea, como una estructura de sus interacciones. La descripción macroscópica puede hacerse sin pronunciar la palabra electrón. Pero la introducción del electrón es práctica, y su realidad aporta contenido a la física porque la física los detecta como realidades. Pero, atención, su detección se consuma mediante su acción sobre ingenios macroscópicos. Esto es lo que hace un físico cuando experimenta.

René Thom: He aquí otro punto de su filosofía que se me escapa. ¿Qué idea tiene usted de la causalidad? Aparentemente adopta usted una posición positivista. Sólo cree en la legalidad y considera la causalidad como una especie de residuo metafísico. ¿No es así?

Günther Ludwig: La causalidad no es un concepto físico.

René Thom: Quizá no. Pero cuando usted dice que el científico debe proceder como un artesano en el sentido de que debe «hacer cosas», usted emplea el verbo «hacer». Y no se puede emplear esta palabra sin aceptar al mismo tiempo cierta noción de causalidad general. La causalidad impregna totalmente la estructura de nuestro lenguaje, y su descripción se confía además a esa categoría gramatical llamada verbo. El verbo sirve para describir los efectos causales. ¿Niega usted toda clase de realidad a los efectos causales? ¿Cómo se hace esto? ¿Sustituyendo el concepto general de causalidad por una especie de «continuo» de leyes específicas que sólo valen para cada caso puntual?

Günther Ludwig: No sostengo que la física deba construirse sin hipótesis. Al contrario, parto de un gran supuesto: entiendo todo lo que dice y hace un artesano. Esta es mi gran hipótesis: conozco y entiendo el hacer y el decir de un artesano.

René Thom: ¿Cuál es entonces su referencia última: el artesano o el físico teórico? Debe hacer una elección.

Günther Ludwig: No, no debo. No hay diferencia para mí.

René Thom: ¿?

Evry Shatzman: Me preocupan algunos aspectos de su concepción de lo que es una ley de la naturaleza. Usted asegura que nosotros, como artesanos, tenemos la capacidad de crear procesos reproducibles como los de la mecánica o de la dinámica. Es decir, las leyes de la naturaleza son para usted una especie de artefacto fabricado por la actividad del cerebro humano; para usted, las leyes de la naturaleza no preexisten a la investigación de la física. Su argumento fundamental empieza con los instrumentos de medida que manipulamos, como artesanos, en busca de la reproducibilidad. Pero yo, como astrofísico, debo declarar algo: nosotros nos enfrentamos a una situación en la que jamás vemos una misma cosa dos veces. La reproducibilidad no existe en el cielo ni, me atrevería a decir, en muchas otras disciplinas terrestres como el clima, que usted mismo ha mencionado. Y, a pesar de todo, seguimos intentando comprender lo que vemos. No es posible alcanzar una comprensión de las observaciones ni cierto nivel de predicción sin hacer una hipótesis fundamental: Las leyes de la naturaleza existen y operan *in situ*, en la atmósfera de las estrellas, en lo más profundo de sus núcleos, en las galaxias, etc...

Günther Ludwig: Quizá haya podido dar la impresión de que *sólo* me refiero a las leyes de la naturaleza como productos humanos. Y no es ésta mi intención, desde luego. He dicho, por otro lado, que las leyes son algo que encontramos en la naturaleza, que encontramos como leyes de la naturaleza. Pero estas leyes, por sí solas, tampoco bastan para construir la física. En el desarrollo de una teoría de la física nos vemos obligados a introducir muchas clases de leyes. Y no todas tienen el mismo sentido y significado. Existen, como usted dice, leyes de la naturaleza, esto es, leyes que pueden interpretarse como que «están» en la naturaleza. Eso es correcto. Pero existen muchas otras leyes que lo son en el sentido que yo he sugerido: la ley cumple mis prescripciones, yo soy el que dicta lo que hay que hacer. En muchos casos, no puedo hacer física sin describir lo que debo hacer y cómo debo hacerlo. Puedo describir muchas cosas sin atender al «hacer» humano, pero en tal caso las prescripciones no tienen el menor sentido ya que no puedo seguirlas. Mi posición es por tanto: las leyes de la naturaleza existen, pero sólo tienen sentido en la física cuando es posible el seguimiento de sus prescripciones. O bien, sólo si puedo seguir las prescripciones de una ley, puedo decir también, y además, que existe una ley de la naturaleza.

Evry Schatzman: ¿Puede poner un ejemplo de una prescripción cuyo seguimiento presente problemas? Necesito esta aclaración para captar su conclusión final.

Günther Ludwig: Por ejemplo, sea la prescripción de tomar una longitud dada y proceder a dividirla en dos partes, tomar luego una de ellas y dividirla a su vez en otras dos mitades, y así sucesivamente. Esta puede resultar una prescripción imposible.

Evry Schatzman: No estoy seguro de entender el ejemplo. Lo que divide ¿es un pedazo de espacio o de materia? Si se trata de espacio, acabará por toparse con el límite cuántico, si se trata de ...

Günther Ludwig: Me refiero a un pedazo de materia, sí.

Evry Schatzman: Entonces, decía, irá alcanzando tamaños cada vez menores hasta llegar al nivel de un sólo átomo. A partir de ahí ya no se puede seguir, se pierde la continuidad y eso significa que la prescripción no es físicamente correcta.

Günther Ludwig: Esto es, así es. Eso es precisamente lo que quiero decir. Mientras puedo seguir la prescripción, obtengo algo de la estructura del mundo que puedo conocer y controlar. Pero en ciertos dominios o a partir de determinado punto el seguimiento se hace imposible, ya no puedo seguir dividiendo por dos, entonces, ¡ah!, detecto una nueva ley.

José Manuel Sánchez Ron: Soy consciente de que no es usted filósofo ni epistemólogo, pero, de acuerdo con la intervención del profesor Dou, creo que tras todo lo que hemos oído subyace un cierto método, una cierta metodología. He encontrado esta metodología muy sólida con respecto a lo que la física es ahora, pero un poco estéril en cuanto a lo que pueda ayudar a la física del futuro. ¿Lo reconoce?

Günther Ludwig: Tengo sólo una metodología para la física, pero no la física del futuro. La historia de la física nos enseña acerca de la construcción de teorías, no acerca de las teorías en sí. La comprensión de la naturaleza no puede ser anterior a los experimentos. Mi método sirve para orientarme en cuanto al aspecto fundamental de la estructura de la física, pero no es un método para encontrar teorías, ni siquiera para desarrollarlas. En mi opinión, no existe un método para buscar ni para encontrar teorías.

Jorge Wagensberg: He creído comprender de sus palabras que, en cierto sentido, usted cree en la leyes ontológicas: «Las leyes *están* en la naturaleza», ha admitido. Sin embargo, en su conferencia, ha rechazado lo que usted mismo ha denominado como *accidente ontológico*. ¿Son dos creencias de distinto rango? En caso contrario, lo que usted ha hecho es, me parece, una declaración de determinismo radical.

Günther Ludwig: Hay que distinguir entre ambas creencias, en efecto. Mi gran dificultad está en definir lo que es una realidad física, pero es lo que he intentado a partir de una posición positivista. Esto es difícil, pero, en mi opinión, viable. Sin embargo, existe un salto entre lo real físico y lo real ontológico. Si he dado estos saltos no lo he hecho en el contexto de la física, sino fuera de ella. Tiene usted razón.

Jorge Wagensberg: En otras palabras: las leyes pertenecen a la física, mientras que el azar (o el accidente) está fuera de la física.

Günther Ludwig: Ésta es la idea. Como físico, que maneja ingenios diseñados e influenciados por un cerebro humano, puedo tomar una decisión libre y calificar tal hecho de accidente, aunque la palabra no me guste nada. Diría más bien que se ha consumado una posibilidad teórica. Pero obsérvese que el accidente es un producto de una decisión mía y no se trata por tanto de un accidente ontológico. Y todo el argumento está, por lo demás, fuera de la física.

Jesús Mosterín: Acaba de decir que no hay lugar para el azar o el accidente, sino que estos conceptos son sólo la realización de posibilidades teóricas. Bueno, claro, si algo es teóricamente imposible, entonces ese algo no puede ocurrir ni por azar ni por ley. Pero en principio existe una diferencia entre las posibilidades teóricas asociadas a cierta capacidad de predecir o de contradecir y aquellas posibilidades teóricas sobre las que nada podemos decir. Así que no veo claro cómo …

Günther Ludwig: Sí, como físico está claro que no puedo saber si la realización es o no un accidente ontológico. Pero, estoy de acuerdo, lo que una teoría no permite es imposible en el sentido de que representa una contradicción para esta teoría. Y se trata precisamente de puntos esenciales de nuestras teorías. Una teoría física abierta es aquélla que deja posibilidades que no son posibles en la naturaleza. Tendemos a elaborar teorías cerradas que permitan, dadas ciertas condiciones, la predicción. Se trata de una cuestión crucial para las teorías de la física. Por ejemplo, en mi opinión, la física cuántica es cerrada para los microsistemas, pero no lo es tanto para grandes moléculas y es esencialmente abierta para sistemas macroscópicos. En la paradoja de Schrödinger, la física cuántica es incapaz de determinar si el gato está vivo o muerto. Sin embargo, la naturaleza es clara en este sentido: el gato o está vivo o está muerto.

Evry Schatzman: Me gustaría hacer un comentario después de todo lo que se ha dicho sobre metodología. En el despacho de Willy Fowler había (creo que todavía está) un cartel cuya inscripción se lamentaba de una terrible tragedia: «La del horrible asesinato de las bellas teorías a manos de la fea realidad». Es algo que introduce perfectamente el comentario siguiente. La metodología común en física, y en ciencia en general, consiste en atender muy cuidadosamente a todos y cada uno de los desacuerdos que puedan surgir entre la teoría y los hechos. Es y ha sido, es y será la metodología común de las ciencias. Un ejemplo claro y célebre: Max Planck. La radiación del cuerpo negro tenía una teoría que estaba en completo desacuerdo con las medidas experimentales, y de tal desacuerdo emergió la teoría cuántica de la radiación.

Günther Ludwig: De acuerdo con esto.

Peter Landsberg: En su conferencia, usted ha calificado la evolución del tiempo, del clima, como indeterminista. ¿Puede explicarse un poco más? No parece una conclusión dentro del contexto físico, pues una información suficiente del movimiento del aire sí permitiría, quizá, la elaboración de un modelo determinista ...

Günther Ludwig: En mi opinión, el tiempo no es determinista precisamente en el sentido físico. No considero correcto hacer una teoría determinista del clima, porque se trata de un sistema inestable. Y una teoría determinista con inestabilidades siempre puede sustituirse por otra mejor y más inteligible, por ejemplo por una basada en la teoría de la probabilidad. El modelo determinista no nos da idea de las probabilidades reales.

René Thom, *nacido en Montbéliard en 1923, es profesor en el Institut des Hautes Etudes Scientifiques de Bures-sur-Yvette. Fue medalla Fields en 1968 (el codiciado Nobel de los matemáticos), medalla Brouwe en 1970 y gran Premio científico de París en 1974. Es el creador de la ya célebre Teoría de las Catástrofes.*

Determinismo e innovación
René Thom

1. Determinismo e innovación

Una escuela de epistemología contemporánea pretende que el mundo de las antiguas verdades de la ciencia clásica ha muerto, que el determinismo «laplaciano» ha vivido ya demasiado, y que se abre la era de una nueva ciencia *(scienza nuova)* en la cual podrá florecer la innovación, en la cual el libre albedrío del hombre podrá expansionarse a su gusto lejos de las restricciones obsoletas del determinismo mecanicista. Quisiera discutir tal opinión haciendo notar dos cuestiones.

¿Es posible una innovación radical en nuestra visión del mundo? Obsérvese que una innovación radical —caso de existir— se escaparía a todos los formalismos existentes, y por eso mismo sería totalmente informulable, indescriptible. Semejante novedad, si se manifestase como un fenómeno, sólo podría ser catastrófica —en el sentido tradicional del término. La supernova de Tycho Brahe, que arruinó la creencia en la inmutabilidad de las estrellas fijas, era sin embargo una estrella (si bien transeúnte). Efectivamente, o bien el fenómeno se manifiesta a sí mismo por su carácter *sobresaliente* que se impone a nuestros sentidos, y en tal caso está claramente vinculado a una catástrofe de un tipo inaudito, o bien es un fenómeno muy discreto que contraría una teoría ya establecida (como el desplazamiento del perihelio de mercurio a causa de la relatividad general) y, en tal caso, tal novedad es relativa a un aparato conceptual preexistente y no se trata, en absoluto, de novedad radical alguna. En relación con la descripción lingüística, podemos asistir a la aparición de un concepto nuevo, formulado por neologismo. (Ejemplo, la entropía de Carnot.) Pero en este caso la definición del nuevo concepto (así la entropía S por $\int dQ/T$) se integra también en una teoría acogiéndose a la generatividad de un formalismo (en ciencia: la matemática). De todo lo cual se concluye que, en la visión científica del mundo, la novedad radical es imposible. Observamos, sin embargo, que incluso desde un punto de vista del determinismo mecanicista, un fenómeno cualitativamente nuevo, ligado, por ejemplo, a una intensa concentración de energía (una coalición n-tupla en mecánica estadística, por ejemplo) no es en absoluto imposible. Sólo podemos afirmar que un fenómeno de esta naturaleza es muy raro, altamente improbable, *a priori*. [Cf. asimismo el ejemplo de la «onda centenaria» en mecánica de fluidos.]

Con mayor generalidad, la ciencia es una tradición cultural: está formada por un «saber» que debemos transmitir a nuestros descendientes. De lo que resulta que un saber es un *corpus* cerrado de datos y de afirmaciones que sólo puede extenderse por inferencia lógica y experimentación empírica. La inferencia lógica es «informacionalmente» inútil (inlcuso quizá para las matemáticas ...); la experimentación empírica, si no es fruto del azar, está dirigida necesariamente por una problemática existente, que tiende a verificar o a inferir resultados previamente imaginados. En todos estos casos, no cabe innovación radical alguna.

De lo cual concluimos que hay una incompatibilidad de principio entre ciencia y novedad. Las únicas innovaciones que pueden intervenir resultan de una ampliación de la imaginación: se trata de estos seres «imaginarios» que son los seres matemáticos, seres que forman parte de estructuras dotadas de una generatividad interna, o de una extensión del imaginario lingüístico, asociada a la práctica del lenguaje natural. De ahí resulta que los grandes progresos científicos hayan sido precedidos de una extensión del imaginario matemático que ha permitido construir conceptos nuevos: en cuanto a los progresos puramente conceptuales de la biología, por ejemplo la teoría darwiniana de la evolución, tiene un carácter realmente sospechoso (que en este último caso raya en tautología).

2. *Innovación y determinismo*

Los partidarios de la novedad han creído necesario atacar el determinismo para permitir la innovación. En este sentido, cabe precisar la noción de determinismo.

Una forma absoluta de determinismo consistiría en afirmar que la evolución del universo está predeterminada, inscrita en alguna forma en el intelecto divino. Esta es una visión estrictamente teológica (Inch'Allah se ha escrito) que puede, quizá, presentar cierto poder de consolación, pero que es de un interés científico o pragmático nulo. Conviene decir que los partidarios de la contingencia absoluta no se hallan en mejor posición, porque decir que los fenómenos son fruto del azar, creados por el arbitrio de un demiurgo totalmente libre, en ejercicio de su libertad, no es mucho más útil. Quizás hay que ver en estas dos concepciones la eterna oposición entre dos concepciones de la divinidad: el Dios inmanente (ligado por leyes) y el Dios trascendente (auténticamente libre...).

Es decir, el determinismo, para tener un contenido epistémico real, exige sumergir la evolución del universo (o de los sistemas que se consideren) en un conjunto de evoluciones virtuales. Es la respuesta de Leibniz cuando afirmó que nuestro mundo es el mejor de los mundos posibles. Pero hay que precisar este conjunto de evoluciones virtuales y es precisamente entonces cuando no podemos contentarnos sólo con el tiempo: debemos hacer intervenir al espacio. Si suponemos el universo (o nuestro sistema) extendido en un espacio E, podemos admitir que el estado global del universo (o del sistema) se halla constituido por la reunión de todos sus estados locales. Una deformación local de un estado global puede ser considerada un *estado virtual* del universo. Entonces el determinismo toma una formulación matemática precisa: si s(x,t) es el estado local en un punto x, en el tiempo t, s ε S (espacio de los estados locales), se trata de especificar las evoluciones globales posibles s(x,t) en el seno de todas las funciones posibles s(x,t), conjunto de las evoluciones virtuales, caminos en el espacio funcional L(E,S). En el determinismo laplaciano, suponemos que estas evoluciones posibles constituyen un espacio de dimensión finita *igual* a la dimensión $3\times2n$ ($6n+1$ con el tiempo), (el espacio de las fases de posiciones y velocidades de n partículas del espacio usual). Para un sistema dado, se presupone la existencia de un espacio M de estados del sistema, dado de una vez por todas, y de un campo de vectores X en M cuya integración describirá las evoluciones posibles del estado m(t). Es preciso, darse, además, la posición inicial $m_0=m(t_0)$, que puede ser arbitraria en M.

Así se obtiene el formalismo del determinismo laplaciano que, por su flexibilidad, se ha convertido en el paradigma del determinismo científico. Efectivamente, podemos localizar el paradigma; en la medida en que dispongamos de sistemas independientes (o considerados como tales). Además, la noción de determinismo *local* (para sistemas extensos) puede ser precisada. Así, la condición de extremalidad (local) de un lagrangiano engendra una forma particular del sistema, las dinámicas hamiltonianas, que tiene la particularidad de eliminar la acción del tiempo, siendo el sistema en t_0, o en t_1 equivalentes desde el punto de vista de la totalidad de las evoluciones virtuales. El determinismo laplaciano permite asimismo definir el acoplamiento débil entre dos sistemas independientes y evaluar su efecto. Ha sorprendido mucho, estos últimos años, que el determinismo laplaciano no permitiese casi nada la previsión debido al hecho de que gran número de sistemas presentan claramente el fenómeno de la sensitividad a las condiciones iniciales (los sistemas denominados «caóticos», más correctamente «expansivos»: dos trayectorias que salen de dos puntos m_0, m'_0 próximos, alejándose (al principio) exponencialmente en función del tiempo $|m_t m'_t| > |m_0 m'_0|$. e^{At}, hace la previsión —no imposible— pero sí harto difícil). Estos sistemas «caóticos» permiten la previsión a corto plazo (como en metereología, donde nadie niega la utilidad de la previsión). Pero si se pretenden previsiones a largo plazo, habrá que contentarse con invariantes estadísticos (entropía de Kolmogorov-Sinai, exponente de Lyapunov, etc ...).

La objección de la mecánica cuántica al determinismo proviene de una situación distinta. Es claro que el determinismo es relativo al espacio M de los estados que suponemos permanentes en la evolución y que parametriza el conjunto de las evoluciones virtuales. Pueden haber determinismos parciales, en la medida en que se restringe el conjunto posible de evoluciones reales en el espacio funcional de los caminos de L(M,S) de todas las evoluciones virtuales. Las leyes estocásticas determinan así restricciones globales en las evoluciones globales en las evoluciones reales. La extensión (M) por multiplicación con un espacio de parámetros «ocultos» es otro procedimiento para introducir el indeterminismo. Lo ideal sería eliminar el indeterminismo cuántico por extensión mediante un espacio Y de parámetros ocultos de dimensión finita. La reciente teoría de Bell para la ecuación de Schrödinger va en esta línea, si bien los parámetros ocultos son de naturaleza no local y hacen intervenir el espacio global del universo.

Pero estoy convencido de que en esta cuestión subsisten muchas posibilidades geométricas inexplicadas: por ejemplo, la de introducir un espacio (B) «clásico» de posición del observador, un espacio S de estados, y definir una partícula mediante una hoja de una foliación del producto B×S. La proyección en B que da la visión de fenómeno de un observador colocado en B podrá ser multiforme, de acuerdo con el principio de indiscernibilidad de las partículas. En general, la relación de equivalencia más general de pertenecer a una hoja de foliación es un modelo paradigmático y el conjunto de visiones de un mismo fenómeno para un observador variable representa una relación de equivalencia de este género. Este tipo de descripciones geométricas de la realidad cuántica todavía no han sido consideradas.

Se ha pretendido que la teoría de Kolmogorov-Chaitín permitía la definición precisa de un fenómeno aleatorio. Por ejemplo, una sucesión de números enteros es «aleatoria» si todo algoritmo que permite engendrarla es de longitud superior a la de la propia sucesión. Una definición como ésta supone que el imaginario virtual de los fenómenos puede ser completamente engendrado por un procedimiento constructivo que permite definir la «complejidad algorítmica» de cada estado virtual. Esto ocurre en física, donde la importancia de las simetrías proviene de la generatividad de los grupos de Lie, que conducen a la construcción de espacios homogéneos portadores de una geometría. Debemos fijarnos, sin embargo, en que una definición del azar como la que acabamos de dar no es muy sólida; en general, no resiste la menor perturbación de los datos. Hay una dificultad de principio en el hecho de invocar procedimientos constructivos en ciencia —salvo que se invoquen fenómenos de naturaleza cualitativa del tipo de la estabilidad estructural. La teorización científica se halla, pues, desgajada entre dos estrategias: o bien buscar el acuerdo exacto entre la teoría y la experiencia, siendo los inevitables desacuerdos atribuidos a los ruidos locales de los errores experimentales de carácter insignificante. O, por el contrario, aceptar la inexactitud cuantitativa, en provecho de una precisión cualitativa que convendrá mejorar. El milagro de la física (fundamental) consistió en asociar invariantes de orígen geométrico a las leyes cuantitativas. Al pricipio, el hombre creía que la tierra era plana; existen físicos que aún sostienen que el universo es el espacio de Minkowski. La búsqueda de la fórmula generativa de validez «mágica» es continua y permanente: lo extraño es que esto, a veces, haya ido bien. Pero, ¿puede continuar? Si rechazamos el milagro, debemos volver a una aproximación hermenéutica: hallar las estructuras cualitativas más flexibles posibles que den cuenta de los fenómenos. En esta óptica, la búsqueda de los «espacios de fases» que permitan parametrizar los sistemas naturales es una tarea esencial —que carece de metodología general alguna. La aproximación por complicación sucesiva de los espacios de fases (de las «evoluciones virtuales») es, pues, inevitable. Ello conduciría a considerar que el determinismo sólo es *realmente posible* a escala *local* (lo cual justifica, además, las causalidad expresada en el lenguaje ordinario). Todas las construcciones teóricas que impliquen postulados cosmológicos son, *a priori*, sospechosas, pues se hallan a merced de una extensión de datos. Pero ello no disminuye en nada la importancia del determinismo diferencial en tanto que expresión de la legalidad científica.

En conclusión, la imposibilidad principal de un modelo determinista es, en todo caso, relativa a un conjunto definido *a priori* de evoluciones virtuales (en mecánica cuántica, la imagen puntual de una partícula y de su trayectoria). Siempre es posible extender este conjunto a fin de restaurar el determinismo, por medio de una extensión adecuada de los formalismos de descripción. Las debilidades del determinismo son más que nada debilidades de nuesta imaginación. Nada nos permite afirmar que estas debilidades sean definitivas.

+	−
PARMENIDES	*HERACLITO*
UNIDAD	MULTIPLICIDAD
SIMPLICIDAD	COMPLEJIDAD
ORDEN	DESORDEN
DETERMINISMO	AZAR
PERMANENCIA	CAMBIO

Tabla exhibida por el profesor Thom para ilustrar las preferencias conceptuales de las escuelas clásica y moderna de epistemología.

Jorge Wagensberg: Me ha parecido muy ilustrativa la tabla a dos columnas de conceptos opuestos: unicidad *versus* multiplicidad, simplicidad *versus* complejidad, orden *versus* desorden, determinismo *versus* azar, permanencia *versus* cambio... Pero ha calificado usted la columna de la izquierda (la de los primeros términos) como positiva (y negativa la otra). ¿Es una calificación arbitraria o ideológica? Porque he creído percibir que expresaba usted cierta simpatía por la columna de los terminos «positivos»... ¿no?

René Thom: Digamos que para mí es natural anteponer el ser a la nada en el sentido de que el ser precede a la nada. No sé cuál es el espíritu filosófico del Dr. Wagensberg, pero del binomio ser y nada, ¿cuál situaría usted en primer lugar?

Jorge Wagensberg: Me devuelve usted la pregunta en una forma muy circular. Y yo no sabría justificar mi preferencia sobre un pedazo de círculo frente a otro del mismo círculo. La ordenación de la pareja ser y nada me parece similar a la de la pareja huevo y gallina.

René Thom: ¡Ah!, ¿considera usted que el ser y la nada se engendran según un ciclo análogo al del huevo y la gallina? Quizá pueda defenderse este punto de vista, pero para mí la tendencia a pensar que el ser precede a la nada es irresistible. El elemento precede a la relación. No hay relación sin elemento y la visión de los estructuralistas, que definen la relación intrínseca (sin tener en cuenta los elementos), me parece sofisticada y sin demasiado fundamento. Mi universo es un mundo de objetos y de cosas y el no ser sólo se presenta, es verdad, en la medida en que aparece la variabilidad.

Jorge Wagensberg: Otra cuestión. Su mención de la teoría de Chaitín-Kolmogorov me ha parecido muy interesante y, sobre todo, muy honesta viniendo de una defensa del determinismo. La definición que tal teoría proporciona del azar o, mejor dicho, de un hecho aleatorio, no basta —estoy de acuerdo— para distinguir entre el azar ontológico y el azar de la ignorancia, ni para determinar si un proceso natural es determinista o no lo es. Pero no hay que menospreciar, creo, una gran aportación: sirve para evaluar el contenido determinista, aunque sólo sea relativamente, de un proceso, o, digamos, de su grado de aleatoriedad. Por ejemplo, la mejor manera de presentar los resultados de las extracciones de un bombo de lotería son los propios resultados (no se pueden comprimir); en cambio, las elongaciones que sufre un muelle según el efecto de distintas fuerzas puede reducirse a la ley de Hook. Lo comprensible es compresible. En definitiva, es un esquema (¿el único?) que permite «medir» la aleatoriedad relativa; su aplicación sirve para indicar que tal hecho es más o menos azaroso que tal otro.

René Thom: En mi opinión las condiciones de aplicación del formalismo de Chaitín-Kolmogorov son extremadamente restrictivas. No existen prácticamente situaciones reales susceptibles de un tratamiento de esta clase. Se trata, si usted quiere, de una buena teoría para los teóricos de la recursividad, incluso para los teóricos de la misma complejidad algorítmica o de la complejidad de las computadoras, pero no tiene la menor validez práctica desde el punto de vista de la experiencia concreta. Para ello sería necesario que el universo en el que trabajamos pudiera generarse enteramente con operadores canónicamente bien definidos, algebraicamente bien definidos. Demuéstreme que el universo goza de esta cualidad y le creeré.

Jorge Wagensberg: Estoy de acuerdo si hablamos de una situación estrictamente límite. Pero el conocimiento nunca representa una situación límite, sino siempre aproximada; la precisión por ejemplo siempre es finita. No se puede negar que conocemos ciertas leyes, unas muy precisas, como las de la física (porque los sucesos físicos son fuertemente reductibles), y otras menos, como las de biología...

René Thom: Es verdad, y en la lista de términos opuestos que antes ha mencionado me he olvidado (ahora me doy cuenta) de poner el concepto de ley en la columna de lo positivo y el concepto de ruido en la columna de lo negativo. Ciertamente habría que añadirlos.

Jorge Wagensberg: Claro, pero decía que el determinismo de toda ley empieza allí donde acaba nuestra capacidad de «comprimir» observaciones. La ley es en realidad la contingencia irreductible, el último azar...

René Thom: ¿Asocia usted la ley al azar? No le sigo.

Jorge Wagensberg: La ley en sí misma no se explica, es la última causa, no se deduce de nada anterior. En este sentido, es aleatoria.

René Thom: Entiendo. Su idea es la de eliminar las causas. Se trata también de un punto que me gustaría discutir. Personalmente, no creo que se pueda eliminar la causalidad. La causalidad está expresada intrínsecamente en el lenguaje natural. Y del lenguaje natural no podemos prescindir ni siquiera en matemáticas. Una visión del mundo sin causalidad me parece totalmente sin sentido. Ciertos físicos fundamentalistas sueñan con ella y quizá sea posible en ciertos dominios, pero desde luego no en el mundo macroscópico, no a nuestra escala.

Albert Dou: Me ha interesado un detalle de su exposición. Usted ha contrapuesto el término de azar al determinismo, es decir, no ha utilizado el concepto de indeterminismo. En física podemos preguntarnos si existe determinismo o libertad. El ser humano no está determinado, es libre. Pero yo no diría que es por azar. Yo diría que existe otra categoría que es la que se distingue en la interpretación de Copenhague.

René Thom: Bien, quizá no haya empleado el término en un sentido muy riguroso. Pero la cuestión se sigue planteando entre el espacio de las evoluciones virtuales y el de las evoluciones realmente posibles. Usted sugiere que el determinismo se obtiene cuando éstas últimas se reducen a una sola. No lo creo. Incluso en el determinismo laplaciano se permite cierta indeterminación de las condiciones iniciales. Ni siquiera en el determinismo laplaciano se excluye la contingencia o el azar. La misma noción de variable matemática es una proyección de la noción de azar. Cuando digo que tal variable real varía entre los valores cero y uno, quiero decir que considero la totalidad de las alternativas posibles de un número real entre el cero y el uno. Y tal cosa es, evidentemente, algo que ninguna mente humana puede concebir en la realidad. Es decir, la noción de variable matemática es ya una virtualidad tremenda que ninguna mente puede explicar. Esto no impide que sea una noción muy útil. Llamo determinismo a cualquier tipo de ligaduras que operan sobre el conjunto de las evoluciones virtuales y no hay que confundir esta idea con alguna clase de unicidad en las soluciones. Todo lo que elimina algo de virtualidad es para mí una expresión del determinismo. Pero comprendo que quizá sea una idea demasiado fuerte para algunos.

Albert Dou: Es una buena respuesta. Pero no estoy seguro de que la cuestión esté en lo que podamos imaginar entre, por ejemplo, los valores cero y uno. La determinación en mecánica cuántica es, creo, otro tipo de imagen. La cuestión es, si se me permite un abuso de lenguaje, en saber si el átomo es libre o no. No se puede demostrar que el átomo sólo se puede determinar en tanto que su probabilidad está determinada. Esto es, no se determina el comportamiento del átomo, sino su probabilidad. El indeterminismo no niega todo, sino la posibilidad de una cosa.

René Thom: Es obvio que hablamos de caos y cosmos. También es obvio para todo el mundo que la alternativa no está entre decir que todo en la naturaleza está determinado o que nada lo está. Ambas afirmaciones son falsas. Estamos en una situación similar a la de aquel hombre que, tras beber media botella de vino, se hace la reflexión: esta medio llena (el optimista) o está medio vacía (el pesimista). Soy de los que reclaman optimismo para la ciencia.

Rolf Tarrach: Imaginemos un universo cuya estructura espacio-temporal no admita superficies de Cauchy. No hay por tanto hipersuperficies tales que toda trayectora corte las superficies en cada instante dado. ¿Qué pasa entonces con el determinismo?

René Thom: Yo diría que el problema del determinismo no puede abordarse correctamente si no disponemos de una visión muy local de la cuestión. Para mí, toda teoría cosmológica es *a priori* sospechosa. Los datos experimentales siempre pueden cuestionarla. Mi opinión en este tema es clara: sólo tiene sentido utilizar un determinismo, como el que se asocia al lenguaje ordinario, desde un punto de vista local. La mecánica celeste y, hasta cierto punto, la mecánica cuántica son teorías muy afinadas y precisas, pero yo diría que son teorías «milagrosas» y soy de la opinión de que no deberíamos creer en milagros. Los físicos creen en milagros. Todavía esperan encontrar fórmulas mágicas que describan la realidad con una precisión de 10^{-15} o 10^{-20}. No creo que tal cosa pueda continuar o que tal cosa pueda esperarse en todas las disciplinas. Por eso creo más en una especie de causalidad cualitativa que en la estricta precisión cuantitativa de las leyes físicas.

Jesús Mosterín: Quería referirme también a su preferencia por los conceptos de la columna izquierda de la tabla (los positivos). Si nuestra posición frente a esta clasificación no se aproxima a una especie de Dios que contempla la totalidad de los entes universales, sino más bien a la del hombre corriente, podemos añadir aún ciertos conceptos. Por ejemplo, en la columna izquierda yo situaría el peso de (la responsabilidad de) la demostración del determinismo. El único argumento que he oído contra el azar (y a favor del determinismo) ha sido una crítica a la definición de azar de la teoría de Chaitín-Kolmogorov. Tal definición quizá no sea aplicable a muchos sucesos naturales, es verdad. Pero parece como si necesitáramos pruebas positivas para rechazar el determinismo, como si el determinismo fuera algo natural y autoevidente. ¿Por qué no tomar las cosas al revés? ¿Por qué los defensores del determinismo como usted no buscan razones positivas para defender el determinismo? Después de todo, los hechos que más nos interesan y afectan de la vida cotidiana se nos antojan indeterminables. Creo que se necesita algo más que insistir en lo difícil que resulta encontrar una buena definición del azar.

René Thom: Estoy de acuerdo con usted: el peso de la demostración pertenece a la columna de la izquierda, ciertamente. Después de todo, es obvio que las cosas no permanecen, sino que cambian; el universo exhibe variabilidad, diversidad, complejidad, etc. El peso de la demostración somos nosotros mismos, ésta es la postura científica, somos nosotros los que debemos trabajar. Situarse al otro lado es tomar la posición de la ignorancia como buena. Es lo que se hace en ciertos dominios de la física cuando se acepta por ejemplo que, a partir de tal umbral crítico, nada puede determinarse sobre el comportamiento del átomo. En ciencia es malo, muy malo, aceptar que hay umbrales que nunca podremos cruzar. Pensemos por ejemplo en la cuestión de la predicción. El clásico lanzamiento de dados suele tomarse como ejemplo de proceso estocástico. Pero basta pensar un poco detenidamente en este caso para percatarse de que, en realidad, se trata de un proceso perfectamente determinista. Lo único que ocurre es que resulta difícil calcular cuál es la cara precisa del dado que vamos a observar. En algunos casos, la computación puede ser extremadamente costosa, pero esto no significa que el proceso no sea determinista. Hablo de sistemas clásicos (los cuánticos representan una cuestión diferente).

Jorge Wagensberg: Estoy en completo desacuerdo con el ejemplo de los dados. La computación no es que sea muy costosa, sino infinitamente costosa y, como se ha dicho esta mañana, el infinito no es un concepto físico. Determinar una de las caras requiere un conocimiento de las condiciones iniciales con precisión infinita. Es el resultado de un célebre teorema de Poincaré que se refiere precisamente a los dados: cualquier conocimiento finito proporciona el mismo número de trayectorias hacia cada cara, esto es, la probabilidad es un sexto excepto para el (inhumano) error cero.

René Thom: Bien, para mí el problema de los dados se plantea en la forma siguiente: se considera el espacio de los datos iniciales del movimiento de los dados y la partición asociada a cada alternativa final. Y ocurre, claro, que tan pronto como se mueven los dados un poco en el cubilete se descontrolan los datos iniciales de forma que la predicción se hace imposible en la práctica, es verdad. Toda la estructura de la predicción se rompe porque la agitación de los dados en el cubilete es un fenómeno disipativo, de dinámica expansiva.

Jorge Wagensberg: Pues más a mi favor. En mi opinión, ni la ausencia de disipaciones iniciales hace que la predicción sea posible.

Manuel García Doncel: Me ha sorprendido su afirmación según la cual los cambios más importantes en ciencia se deben a cambios en la formulación de la ciencia. Creo, en cambio, que

74

los cambios verdaderos son cambios conceptuales. En física, los cambios en los conceptos básicos han sido el motor de la evolución de esta ciencia y, en algunos aspectos, incluso de ciertas revoluciones. Sustituir los puntos materiales por la noción de «campo» fue un cambio conceptual que cambió la física, el concepto de espacio-tiempo en relatividad, las propiedades de los objetos en cuántica, etc., son asimismo ejemplos significativos de cambios conceptuales.

René Thom: Quizá no me haya expresado con claridad en este tema. Estoy de acuerdo con que los progresos importantes en ciencia son producto de cambios conceptuales. Pero también creo que la misma idea de cambio conceptual no es una idea clara. El caso que he mencionado esta mañana de la definición del número real, a principios del siglo XVIII, fue efectivamente un progreso fundamental. Pero no creo, por ejemplo, que el concepto de campo cuántico sea básicamente diferente al de campo clásico. Lo que es realmente nuevo en este caso es precisamente el proceso de medida. Otro cambio realmente innovador fue, por supuesto, el que superó la idea de invariancia newtoniana-galiliana. Fue un auténtico *shock* a pesar de que nuestro lenguaje cotidiano incluye ya la idea de la relatividad. La teoría de la relatividad estaba ya, esencialmente, en la estructura de nuestro lenguaje. Y ésta es la idea que he querido expresar. Los progresos más fundamentales de la ciencia corresponden a aquel proceso de la mente capaz de hacer explícitas estructuras que están implícitas en el lenguaje ordinario y en la forma ordinaria de pensar. El proceso suele comportar la disipación de un tabú, lo cual, a su vez, permite la extensión del mundo imaginario. Pero, naturalmente, tal extensión de la imaginación no puede ser arbitraria, sino que, antes bien, depende de la naturaleza de las cosas.

Carles Lamote de Grignon: Mi intervención es desde el campo de la neurobiología. El sistema nervioso no puede describirse sólo a base de un esquema de tipo causa-efecto. En cierto sentido, se diría que crece y se desarrolla como siguiendo cierta finalidad: la adaptación óptima que permita la supervivencia y la reproducción. Querría saber hasta qué punto la teoría de las catástrofes puede aportar algo para la explicación de los llamados fenómenos emergentes. Es el caso del somatograma, que es aquella información que sirve para que un individuo se sitúe en el espacio.

René Thom: Existe cierta capacidad de descripción de la teoría de catástrofes para sistemas biológicos debido sobre todo a una circunstancia: se trata de un formalismo independiente del, digamos, sustrato concreto. Y hay que reconocer que esto es algo que los biólogos aceptan con mucha dificultad porque piensan que, claro, no toda materia es materia viva y que las propiedades específicas de la vida hay que buscarlas en ciertos detalles de la complejidad bioquímica. Pero, en mi opinión, el formalismo de la teoría de catástrofes puede suponer una ayuda enorme para la comprensión del orden jerárquico de la complejidad biológica. La determinación de los niveles jerárquicos de la organización biológica es, sin duda alguna, un problema fundamental y muy especialmente en el caso que usted ha mencionado del sistema nervioso central. Está claro que la individualidad de la neurona no basta para dar cuenta del funcionamiento general, sus ligaduras locales son muy difíciles de expresar. Lamento no tener una respuesta mejor a su pregunta.

Peter Landsberg: «... Pero el sistema seguirá uno u otro camino y, en cualquier caso, *things happen!*».

Primer debate general
Determinismo e indeterminismo en la ciencia moderna

Peter Landsberg: ¿En qué situación está el problema del determinismo? Soy un hombre viejo, por lo que tengo una larga experiencia en ciertos problemas. Y mi experiencia me dice que, cuando la polémica y discusión entre dos puntos de vista opuestos es larga y agitada es que «algo» hay en cada uno de ellos y que la solución consiste, probablemente, en cierto compromiso. Creo tener un compromiso así para este caso. Digamos, de hecho, que tengo un modesto ejemplo de compromiso. En primer lugar, creo que el libre albedrío y el determinismo no son conceptos directamente conectables. Tenemos libre albedrío. Todo el mundo cree en su propio libre albedrío. Pero no tenemos la misma sensación cuando observamos a «otra» persona. Un observador bien informado sobre otra persona tiende a ver influencias anteriores en el comportamiento de esa persona que se cree libre. Se trata, por tanto, de una primera sensación de relatividad. En segundo lugar, quiero dar un sentido al concepto de determinismo. Tanto el profesor Thom como yo mismo hemos hecho referencia al juego de azar, y en particular, al control de las condiciones iniciales. El ha aludido al control del cubilete de los dados y yo al *croupier*. En cualquier caso, nuestra afirmación era que un conocimiento profundo de las ecuaciones del movimiento y un control completo de las condiciones iniciales deja el resultado observado como única alternativa. Por ello yo me inclinaría a decir que el indeterminismo no existe en el sentido de que *las cosas ocurren*. Las cosas ocurren; no hay alternativa a eso.

Günther Ludwig: Las cosas ocurren. Este fue también el punto de partida de mi ponencia. Yo he empleado el término de determinismo (o de indeterminismo) en el sentido de una teoría de la física. Una teoría de la física es determinista, o tiene una dinámica determinista, si se pueden preparar las trayectorias en el sentido de que se pueden reproducir las trayectorias reales. En caso contrario, si por ejemplo sólo pueden prepararse las frecuencias de las trayectorias, entonces la teoría es indeterminista. Esta es mi definición de teoría determinista o indeterminista. Pero todo ello sólo tiene sentido si, como usted dice, los hechos están ahí.

René Thom: Yo abordaría la cuestión de la definición precisa de determinismo de otro modo. A un enfoque determinista ¿hay que exigirle una *unicidad* en la solución, aunque sea una unicidad eventual que satisfaga ciertas condiciones especiales (como continuidad con respecto a los datos iniciales)? Este es, en mi opinión, uno de los problemas fundamentales del determinismo en ciencia. ¿Consideraría el profesor Ludwig la bifurcación de una solución en dos soluciones como un escape del determinismo hacia el indeterminismo?

Günther Ludwig: Según mi modo de ver la cuestión, estaríamos ante una teoría indeterminista...

Peter Landsberg: Pero el sistema seguirá uno u otro camino y, en cualquier caso, algo ocurre realmente.

Günther Ludwig: Sí, sí. Pero ante un sistema como el propuesto por el profesor Thom, esto es, ante una dinámica determinista que contiene una bifurcación (una catástrofe o una singularidad de este tipo), la posición del físico consiste en decir que la teoría ha de hacerse más comprensible para, por ejemplo, determinar las probabilidades de las distintas alternativas o soluciones. En este caso, la teoría determinista es (insisto, para un físico) peor que la indeterminista, es más irreal. Es, naturalmente, una opinión personal; no puedo demostrarla. Si consideramos el ejemplo del péndulo físico fijado por su extremo inferior, está claro que existen dos trayectorias posibles en torno de la posición de equilibrio inestable (o cae girando hacia la derecha o cae girando hacia la izquierda). Yo diría que, en la vecindad de tal punto, el físico debe cambiar de teoría y sustituir la mecánica quizá por una teoría de fluctuaciones termodinámicas, para así dar cuenta de las probabilidades de las distintas experiencias. Así pienso como físico; no soy realista en este punto.

René Thom: ... un punto a partir del cual no se puede seguir discutiendo, es una cuestión de definición.

Evry Schatzman: Quiero intervenir como astrofísico, esto es, desde un campo en el que la experimentación no es posible. Observamos utilizando diferentes técnicas, con distintos poderes de resolución, en diferentes longitudes de onda ...y tenemos un gran número de hechos observados que interpretar y comprender. Nuestro trabajo se rige, ante todo, por una hipótesis fundamental: en la naturaleza existen leyes; y las leyes que rigen los fenómenos de los objetos celestes son las mismas que hemos descubierto para describir experimentos terrestres. Pero, además, resulta imposible hacer nada en la práctica sin asumir, aunque sólo sea pragmáticamente, que existe un efecto determinista en acción que determina lo que observamos, ya sean propiedades detalladas de los objetos o propiedades de tipo estadístico. Quiero dar un ejemplo que ilustra la gran distancia que existe entre situaciones puramente deterministas y los casos enteramente accidentales. Consideremos el caso del sistema solar. Tomamos el propio sol como un gran cuerpo compuesto de gran número de átomos. Globalmente lo tratamos como un objeto completamente determinista, le aplicamos la hidrodinámica clásica y calculamos magnitudes, como, por ejemplo, la velocidad de la emisión de radiación, etc. Pero si atendemos a la formación del sistema solar, descubrimos que el sistema tiene unos 1500 pequeños cuerpos —los asteroides— para los que toda estadística empieza a perder sentido. Si observamos los planetas, resulta que exhiben una caprichosa distribución de las distancias al sol y de las orientaciones de los ejes de rotación. Todo ello es realmente «la firma» de ciertos accidentes que tuvieron lugar durante la formación del sistema solar, pero, cuando digo *accidentes*, lo hago porque no tengo una palabra mejor. Estos accidentes han sido completamente deterministas en el sentido de la mecánica, pero constituyen un conjunto con tan pocos hechos que no podemos ni pensar en un tratamiento de tipo estadístico. Quizás en un futuro, cuando hayamos observado un millón de sistemas solares de nuestra galaxia, podamos hablar de una estadística. Pero para ello falta más de un siglo.

Ramón Margalef: Provengo de un campo muy distinto, el de la biología. Y el oficio de uno, como se ha dicho, al parecer condiciona las actitudes de tipo, digamos, filosófico. En este caso, un biólogo no puede dejar de verse a sí mismo como un organismo más y preguntarse si estas cuestiones de determinismo o indeterminismo no estarán relacionadas con la capacidad de sobrevivir. Porque, a través de ella, de la selección natural, se han alcanzado las características del hombre como ser pensante y consciente. El biólogo también tiende a ver sistemas dentro de sistemas (un sistema pequeño encerrado en otro mayor, y así sucesivamente). Desde este punto de vista, también reconozco que la actitud de la ciencia es plenamente determinista; con una actitud indeterminista probablemente sea difícil elaborar una ciencia precisa de análisis. De todos modos, los datos que suelen analizarse en biología siempre se limitan a un dominio muy pequeño, el indeterminismo no tarda en asomarse; aparecen hechos imprevistos. La solución es, evidentemente, muy sencilla. Basta ampliar el dominio de observación y estudio hasta que tal fenómeno (inexplicado en condiciones más limitadas) sea por fin comprensible. En este caso, se trata claramente de un indeterminismo aparente que es consecuencia de nuestra ignorancia. Problemas de este tipo son inevitables, van surgiendo a medida que escalamos el nivel. Y claro, no podemos olvidar que nosotros mismos somos un sistema minúsculo sumergido en otro mucho mayor. Con esto llegamos a la cuestión de los límites del universo explorable. Siempre queda algo que está indeterminado dentro de este universo explorable, pero que es explicable desde fuera. El límite mismo no es, claro, algo demasiado preciso. Por ello es cierto que el científico tiene una posición determinista a efectos prácticos, pero, precisamente debido a que los límites se le escapan continuamente o, mejor dicho, debido a que su propia investigación va desplazándolos, el científico también es consciente de aceptar una y otra vez el indeterminismo efectivo.

También querría referirme a otra cuestión que creo que se ha confundido a lo largo de estas discusiones. Tomaré como ayuda el esquema a dos columnas que ha presentado el Dr. Thom y que yo mismo he empleado. *Para el biólogo*, estas dos columnas representan la problemática que ha comentado Wagensberg del huevo y la gallina. En efecto, los sistemas biológicos son sistemas complejos que suelen seguir una evolución que se interrumpe más tarde o más temprano. Esta evolución puede ser la sucesión de un sistema natural, como la que va desde un campo abandonado hasta un bosque, del huevo a la gallina, etc. Y representa una

82

seriación de estados en la que se distinguen dos situaciones diferentes. Al principio de tal secuencia, suele poder hacerse una descripción relativamente breve. Es en este caso cuando los científicos pueden aplicar modelos matemáticos bastante sencillos y claros (son las típicas ecuaciones de crecimiento, de multiplicación de inidividuos...). Esta primera situación corresponde al modelo determinista. Pero, con el tiempo, se llega a una situación distinta: cuando los elementos que podían reaccionar entre sí ya lo han hecho, cuando ya queda poca energía libre para nuevas reacciones, entonces hay lo que podríamos llamar una acumulación histórica de información, y la descripción se hace extraordinariamente difícil. En este momento es cuando surge el peligro de cometer abusos de lenguaje, como por ejemplo: «Aquí se ha introducido una indeterminación». Lo que ocurre es que las cosas aparentemente no han podido conservar un registro preciso, y el científico, claro, no lo entiende y renuncia a construir cualquier ruta. El sistema se nos muestra con una confusión extraordinaria, que solemos calificar de indeterminada o de caótica. Las situaciones realizadas son mucho menos numerosas que las que imaginamos posibles. Estas dos situaciones ilustran muy bien, decía, las dos columnas que se enfrentan en una paradoja o en una contradicción. La discusión, en estos casos, puede alargarse indefinidamente y lo que cabe hacer, creo, es intentar una síntesis desde un nivel un poco más alto. El salto del determinismo al indeterminismo se parece mucho a la transición entre estas dos etapas de la evolución o de la sucesión biológica que acabo de mencionar: pasar de la descripción del desarrollo de un organismo, del proceso de colonización de un campo, etc., hasta esa situación tan complicada en la que el organismo ya está hecho, esto es, un organismo que ya es capaz de recibir percepciones del exterior, desarrollar características individuales o ser portador de características culturales (no heredadas). Esta analogía me lleva a preguntarme si el determinismo no será una abstracción y una simplificación (por lo demás muy humana) que practicamos para hacer inteligible la complejidad cotidiana y actuar con ella. Y también me pregunto si el indeterminismo no será la propia desesperación que nos embarga cuando entender o explicar la complicación requiere una información a la que no accedemos. Por todo ello creo que el estudio de las fases intermedias de la biología acaso ayuden a comprender mejor la cuestión que nos ocupa, al sustituir o complementar una oposición por un devenir.

Emilio Santos: Comentaba el profesor Wagensberg esta mañana que la profesión de uno, o la particular disciplina que uno practica dentro de la ciencia, influye sobre nuestra actitud determinista o indeterminista. El matemático tiende a ser determinista y el biólogo a ser indeterminista. Existe, ya se ha comentado aquí, una conexión entre el determinismo y la ciencia o la racionalidad. Los científicos de los siglos XVIII y XIX se deslumbraron y sorprendieron al comprobar que la naturaleza podía ser descrita, en el sentido de que era posible hacer predicciones sobre hechos futuros. Era algo que no se había logrado hasta entonces. El determinismo adquiría así un aspecto positivo: la predictividad, y otro negativo: el fatalismo. La predictividad se convirtió en la característica fundamental de la ciencia y, sobre todo, de la tecnología, que es la que nos permite construir instrumentos y aparatos fiables, que sabemos cómo van a funcionar. Durante estos siglos la evolución de la ciencia fue, precisamente, en el sentido de una predictividad mayor, con el determinismo como norte. La tendencia parecía, por lo tanto, una aproximación asintótica hacia cierto máximo de racionalidad. Se buscaba un determinismo cada vez mayor en las leyes de la física. El siglo XX rompió con este sueño al formularse la mecánica cuántica y creo que, precisamente debido a la mecánica cuántica, este siglo pasa por ser menos determinista y por la era en la que se ha redescubierto la irracionalidad. Mi intervención es para comentar precisamente algunos puntos del determinismo en mecánica clásica y mecánica cuántica.

En primer lugar, decir que la mecánica clásica es determinista es una extrapolación. Creo que hay que hablar del determinismo de las descripciones, no del determinismo del mundo. Una cosa es la realidad y otra el determinismo con que se escribe tal realidad. El determinismo es una propiedad de las teorías que requiere dos condiciones que, en rigor, no se dan nunca en la prática: los sistemas han de ser suficientemente sencillos y aislados. Pero resulta que la física clásica se aplica a sistemas macroscópicos y tales sistemas no son nunca (por definición) sencillos y su aislamiento es siempre una idealización. Entonces, cuando se pretende tener en cuenta la complejidad de los sistemas, es decir, cuando se quiere que la descripción sea más completa, es necesario introducir, precisamente, elementos estocásticos. Y, con ello, la teoría determinista ha pasado a ser indeterminista. En pocas palabras, la física clásica también es indeterminista cuando conviene. Sirva este primer comentario para romper esa tendencia de asociar el determinismo a las teorías clásicas.

Me referiré, en segundo lugar, a la mecánica cuántica. En este caso, y como es bien sabido, el indeterminismo no está en las ecuaciones (las ecuaciones son deterministas). El indeterminismo está en el proceso de medida, en los postulados de la medida «añadidos» a las ecuaciones. Todo ello da lugar a una situación paradójica. En efecto, un sistema que evoluciona sin ser observado, evoluciona de una manera completamente determinista; si, por el contrario, es observado, entonces deja de ser determinista (se produce la reducción del paquete de ondas); y si consideramos el sistema más el observador como un nuevo sistema, entonces este sistema obedece a la ecuación de Schrödinger y sería, a su vez, determinista. Esta paradoja ilustra uno de los aspectos más extraños de la mecánica cuántica que divide a los físicos en dos posturas: los que creen que la mecánica cuántica es una teoría razonable y los que creen que no lo es. Es posible que sea muy difícil alcanzar un acuerdo. Einstein y Bohr, por ejemplo, sostuvieron una discusión durante muchos años sin conseguir convencerse mutuamente. Yo, personalmente, no estoy satisfecho con la mecánica cuántica en su estado actual. Y por ello no me arriesgo a pronunciarme sobre si es o no es esencial el indeterminismo que produce o predice tal teoría. Pienso que no hemos dado todavía con la teoría fundamental, con una teoría que habrá de sustituir a la que hoy manejamos. ¿Cuál es el problema central de la mecánica cuántica? Hace pocos días cayó en mis manos una atractiva analogía. Consiste en comparar la relatividad y la geometría, por un lado, y la mecánica cuántica y la lógica, por el otro. La relatividad general puso algo en cuestión: la geometría del universo ¿es o no euclídea? La conclusión fue clara: no puede darse por sentado que la geometría del mundo sea euclídea, se trata de una propiedad que debe estar sujeta a la experimentación. Y, es cierto, la relatividad es a la geometría lo mismo que la mecánica cuántica a la lógica. El problema es que la mecánica cuántica no es compatible con la lógica clásica. En fin, a muchos les parecerá una afirmación excesiva, y la verdad es que habría que matizarla en muchos aspectos, pero quedémonos con la idea. La física clásica se basa en una lógica igualmente clásica (booleana, distributiva), mientras que la cuántica se basa en un cálculo proposicional (no distributivo). Esto se traduce en el hecho de que los valores de «verdad» de las proposiciones no están simultáneamente determinados para todas las proposiciones. En clásica, aunque no se dé, pensamos, por lo menos, que puede darse, es decir, quizá no sepamos el valor de «verdad» de cierta proposición, pero no porque no esté definida intrínsecamente. En cambio, la cuántica es incompatible con el hecho de que las propiedades de los sistemas estén definidas en sí. Se definen en conexión con un determinado experimento. Esta situación se ha planteado de manera muy clara a través del teorema de Bell, según el cual la mecánica cuántica es incompatible con lo que unos llaman una teoría realista, otros llaman una teoría de variable ocultas, y que yo prefiero llamar una teoría de lógica distributiva. La mecánica cuántica es irreductible a una teoría con lógica clásica que además sea una teoría local. Esta mañana se ha expresado una opinión, por lo demás muy generalizada, de que ya se ha demostrado —sin duda alguna— que cualquier teoría con lógica clásica y local es, a su vez, incompatible con fenómenos experimentales observados. Los argumentos para esta afirmación se basan sobre todo en los experimentos de Aspect. Bien, yo quiero señalar que no estoy de acuerdo con ella, básicamente porque las desigualdades que se han contrastado con los experimentos de Aspect no son las de Bell, sino otras deducidas por varios autores, como Clauser y Shimony, que incluyen hipótesis adicionales además del realismo y la localidad. Resultaría demasiado técnico hacer un razonamiento detallado, pero diré que las desigualdades de Bell no violan los resultados de Aspect, sino que se mantienen dentro de una escala más que aceptable de cien a uno. En mi opinión, la violación de estas otras desigualdades significa, precisamente, la violación de esa hipótesis adicional, que parecía muy razonable, pero que, por lo visto, no lo es.

Albert Dou: Quería hacer una observación estimulado por los ponentes de esta mañana y por las discusiones que han seguido después. Creo, en efecto, que la pregunta sobre la vigencia del determinismo o el indeterminismo en el mundo subatómico es una pregunta sin sentido. Si fuese posible formalizar la física teórica, esta pregunta vendría bien planteada por una fórmula bien hecha. De lo que hemos oído aquí se deduce, creo, que esta fórmula bien hecha dentro de la física teórica resulta ser, precisamente, una fórmula indecidible en el sentido de Gödel. Es decir, que se trataría de definir un nuevo axioma, o mejor una nueva ley de la física. Y pienso así porque se han dado muy buenos argumentos, en la situación actual de la física, a favor de un indeterminismo profundo que afecta a la naturaleza misma de las partículas subatómicas. Si, además, tenemos en cuenta esta posibilidad, de la que también nos han hablado, de nuevos parámetros (como las variables ocultas) y las aún inmensas posibilidades del mundo subatómico (promesas de nuevos descubrimientos y nuevas elucubraciones), uno se inclina a pensar que la última palabra la tiene siempre la física (en este momento la actual, claro), pero que una decisión científica en este tema es, probablemente, uno de los casos de indecidibilidad previstos por Kurt Gödel.

Manuel García Doncel: Querría hacer una alusión al origen histórico del indeterminismo, en relación a la física cuántica. Porque, al presentar el tema esta mañana, me parece que no se ha insistido en su motivación científica, dando la impresión de que el determinismo brota de las preconcepciones de los diversos autores. Mi tesis sería más bien la contraria: muchos de los protagonistas fueron conducidos al indeterminismo *a pesar suyo*.

Como nos acaban de indicar, en la física clásica reinaba un determinismo, digamos, vago, que quizá sea simplemente la herencia de la misma noción aristotélica de ciencia como conocimiento de lo necesario y no de lo contingente. Este determinismo vago se acentúa, naturalmente, en el mecanicismo, surgido de la elaboración de la mecánica newtoniana. Y es en este contexto en el que hay que colocar la también mencionada «inteligencia de Laplace»: una inteligencia capaz de conocer las posiciones y las velocidades de todas las partículas del universo en un instante dado —cosa imposible— conocería todo el pasado y todo el futuro del universo. La teoría clásica de campos, que llega al final del siglo XIX, no discute para nada este determinismo. Tapoco lo hace la revolución relativista. Sí lo hace, en cambio, la llamada mecánica estadística clásica. En ella aparece cierto indeterminismo, llamémosle «gnoseológico», ligado a la ignorancia del detalle microscópico del fenómeno, que permite sin embargo un cálculo global del mismo a nuestra escala mesocósmica.

La cuestión del determinismo «óntico» va madurando en el decenio previo a la revolución conceptual cuántica, y su interpretación estadística. En mi opinión, el primero en formular el tema es, curiosamente, Einstein, al introducir en 1916 los coeficientes de probabilidad de absorción y emisión de radiación de un átomo. El lo hace con la mentalidad de la física estadística clásica, para tratar cierta ignorancia microcósmica. Pero todo el esfuerzo de la mecánica cuántica antigua nacida del átomo de Bohr consiste en explicar estos parámetros por la estructura cuántica del átomo, llegando así a una concepción estadística de los fenómenos cuánticos. Niels Bohr exagera sin duda esta visión estadística en su famoso artículo de 1924 con Kramers y Slater, en el que relaciona estadísticamente el mundo corpuscular del átomo y el mundo ondulatorio de la radiación. Se trata de un intento desesperado por escapar a otro dilema, el de la onda-corpúsculo. Como es bien sabido, Max Born introduce en 1926 las amplitudes de probabilidad en su estudio de problemas de colisión, dentro de la nueva física cuántica, heredera de las matrices de Heisenberg y de la ecuación de Schrödinger. Así se afirma, por primera vez, que no podemos predecir en concreto adónde va una partícula después de la colisión, sino únicamente qué probabilidad tiene de ir a un sitio o a otro. Esta es la interpretación estadística de la mecánica cuántica, por la que Born recibirá un tardío premio Nobel.

El indeterminismo cuántico se corrobora con el famoso artículo de Heisenberg sobre las relaciones de imprecisión de 1927. Estas relaciones nacen de un análisis de las medidas experimentales lo más precisas posibles, y dan una cota inferior cuántica al producto de los errores experimentales con que se miden las parejas de magnitudes llamadas «canónico-conjugadas». En este mismo trabajo discute Heisenberg la llamada «causalidad», es decir, el determinismo. El determinismo laplaciano, viene a decir, según el cual «si conociéremos el presente, podríamos conocer el futuro», es falso. Y no porque sea falsa la consecuencia de este silogismo condicional, sino porque es falsa la premisa: no podemos conocer el presente con la precisión que exige la mentalidad mecanicista, ya que las condiciones iniciales son magnitudes canónico-conjugadas cuyos errores están cuánticamente limitados por las relaciones de imprecisión. En este mismo contexto, se pregunta Heisenberg si tal indeterminismo es gnoseológico u óntico y responde sensatamente que de nada servirá un determinismo óntico radicalmente indetectable por las experiencias posibles. A partir de estas reflexiones claramente filosóficas de Heisenberg se elabora la visión indeterminista que el mismo año 1927 es presentada en el congreso de Como por Niels Bohr y en el congreso de Solvay por Heisenberg y Born, y que constituirá el núcleo de la llamada interpretación de Copenhague —la «interpretación ortodoxa» que sirve de base para discutir las paradojas de Einstein, Podolsky y Rosen de 1935, y las desigualdades de Bell de 1960. Para mí, esta introducción del indeterminismo por parte de Born, Heisenberg y Bohr no proviene de no sé qué mentalidad inclinada a lo caótico, sino sencillamente de que no saben explicar los fenómenos cuánticos de otra manera.

Luis Navarro: Una breve puntualización. En mi opinión, hoy en día ya no tiene sentido mencionar el debate Einstein-Bohr (o su continuación actual en torno a la interpretación de Copenhague) en el contexto de una discusión sobre el determinismo o el indeterminismo. Estoy de acuerdo en que Bohr y Einstein centraron su polémica sobre este tema, pero todo cambió sustancialmente, primero en el año 1960 y luego, de nuevo, en 1970, como consecuencia de dos trabajos de John Bell. En el segundo artículo, menos conocido que el primero, Bell demostró que el determinismo no es una propiedad esencial: una teoría indeterminista que además fuese real y local también entra en contradicción con la interpretación ortodoxa o de Copenhague. Lo que está en juego es el realismo y la localidad, no el determinismo o el indeterminismo. Y la localidad se traduce al lenguaje vulgar por la causalidad, que no es lo mismo que el determinismo. Entonces, aun creyendo que los experimentos de Aspect son concluyentes, lo que negarían es la posible existencia de una alternativa a la mecánica cuántica en la intepretación de Copenhague que fuese simultáneamente realista y local, ¡las dos cosas!, porque tales son las hipótesis del teorema de Bell. Esto significa que queda abierta la posibilidad de teorías realistas no locales y de teorías no realistas locales.

Finalmente, quiero decir que, en este debate, deberíamos tomar la mecánica cuántica como la teoría vigente (que es lo que es) por la única razón por la que las teorías se toman en general como vigentes en el curso de la historia: porque tienen éxito en todos los sistemas a los que se les aplica y por que no hay otras mejores.

José Manuel Sánchez Ron: Me ha gustado mucho la intervención que desde el punto de vista histórico ha hecho García Doncel. Yo querría sacar un pequeño corolario que, además, incide en los comentarios de Emilio Santos. En efecto, como ha dicho

García Doncel, existe indeterminismo en la física desde que Max Planck decubre —es un descubrimiento empírico— la primera discontinuidad cuántica; es en 1900. Y Planck llega a ello de una manera totalmente inesperada, pues su preocupación era la interpretación de la radiación del cuerpo negro. Nadie mejor que Niels Bohr entiende este hecho de que el indeterminismo aparece con la primera discontinuidad cuántica. Y yo creo que constituye su gran aportación a la física. Se puede decir, por lo tanto, que existe indeterminismo en la física del microcosmos mucho antes de que aparezca el postulado del colapso de la función de onda. Emilio Santos señalaba hace un momento que la ecuación de Schrödinger es una ecuación determinista, sin embargo, continuaba diciendo, el colpaso de las funciones de onda añade un elemento radical y dramático de indeterminismo a la mecánica cuántica. Yo creo que esto, de alguna manera —no sabría decir dónde—, es incorrecto, porque, como ya he dicho, se había producido ya de hecho un cuarto de siglo antes. Por ello me parecen muy razonables ciertas dudas de los filósofos de la ciencia. Mario Bunge, por ejemplo, señala que el colapso de las funciones de onda no juega papel alguno fundamental en la mecánica cuántica. Si existe un problema, éste es el problema de la medida: no hay una teoría de la medida en cuántica, ni siquiera una teoría del aparato de medida. No sé si comparto del todo este punto de vista, pero mantener el indeterminismo en cuántica sin recurrir al principio del colapso me parece un buen camino. El problema de Emilio Santos es un problema real, ciertamente, pero falla de alguna manera porque la mecánica cuántica debe ser indeterminista, incluso sin recurrir a tal postulado. Así lo demuestra uno de los pocos experimentos básicos de la cuántica.

Josep Pla: En varias intervenciones se ha hecho referencia a las matemáticas como un modelo de ciencia determinista. Quisiera poner en duda y matizar esta afirmación. Existe, es verdad, cierto determinismo dentro de los sistemas formales. Pero pensemos por ejemplo en el no demostrado ni contradicho teorema grande de Fermatt. Si en el futuro este problema se resuelve (positiva o negativamente), lo más seguro es que lo sea en virtud de algún axioma auxiliar, esto es, la solución pasará por la aceptación de algo suplementario. Otro caso: los números reales tienen ciertas propiedades con respecto a la medida de Lebesque, si aceptamos el axioma de la elección, pero cambian si aceptamos el axioma de determinación. Yo diría que se puede hablar de determinismo dentro de cada sistema formal, pero no de determinismo en las matemáticas. Y todo ello sin hacer referencia al teorema de Gödel.

Jesús Mosterín: Una breve intervención por alusiones de Josep Pla. Cuando hablaba esta mañana de Gödel y del determinismo, no me refería a lo que yo pensaba —estoy de acuerdo con Pla—, sino a lo que pensaba Gödel. Y Gödel pensaba que había una diferencia muy clara entre el mundo de los números naturales (que está perfectamente determinado en todos sus aspectos, incluidas hipótesis tales como las de Fermatt o las de Goldbach) y lo que nuestros algoritmos nos permiten decidir. Gödel pensaba que esto era un defecto de nuestros algoritmos y de nuestros sistemas formales. Y evidentemente existe una diferencia entre el hecho de que cierta parcela de la realidad tenga determinadas propiedades y el hecho de que nosotros dispongamos de un mecanismo automático para averiguar si efectivamente tiene o no estas propiedades. De todos modos, creo que el problema del determinismo o del indeterminismo es un poco artificioso en matemáticas, porque se trata de un problema que se plantea básicamente en función del tiempo, que es un concepto inexistente en el mundo de las matemáticas. Sería más natural plantear problemas parecidos en términos tales como la decidibilidad o indecidibilidad, completitud, si la teoría de conjuntos tiene un solo sistema de axiomas o hay varios alternativos, etc...

Luis Navarro: Quiero hacer una aproximación general al problema del determinismo, aunque soy consciente de que ello va a implicar una enorme simplificación, es decir, cierta superficialidad en el tratamiento. Quizá todo lo que vaya a decir sea obvio, pero quiero decirlo de todos modos. Pienso que hay y habrá científicos partidarios del determinismo y científicos partidarios del indeterminismo de la misma forma que hay y habrá científicos a favor y en contra de (por ejemplo) el aborto. Me explicaré. Existe una opinión muy extendida sobre lo que es la ciencia, que yo comparto, que afirma (insisto, simplificadamente) que se trata de un conjunto de modelos teóricos con una aspiración: aportar algo al conocimiento de la naturaleza. Estos modelos constituyen teorías vigentes (de éxito, etc.) en la medida en que encuentran reflejo en la naturaleza. Estos modelos pueden ser calificados de deterministas o de indeterministas con bastante facilidad: basta ponerse de acuerdo en el lenguaje y consultar ciertas propiedades o características. Pero creo que es una enorme extrapolación extender este atributo a la propia naturaleza, a otros sistemas imaginados o imaginables o, en particular, al mismo cerebro humano. El cerebro humano, que yo sepa, no dispone todavía de un modelo teórico que lo describa ni responde a teoría general alguna. Pretendemos, es verdad, asimilar el cerebro a ciertos modelos, pero, en mi opinión, lo solemos hacer por un abuso del lenguaje, por comodidad, o quizá por ilusión. Tal cosa suele suponer un gran salto, pero este salto no puede darse sólo con la ayuda de la ciencia. Hemos de acudir a otro tipo de apoyos: afectivos, ideológicos e icluso, ¿porqué no?, también religiosos. Con estos otros apoyos damos el gran salto, pero son estos otros apoyos los que finalmente inclinan la balanza hacia un eventual determinismo o indeterminismo. La enseñanza que yo extraería de todo ello es que debemos desmitificar la ciencia. Tenemos una tendencia muy fuerte a pensar que la ciencia puede resolver cualquier problema relacionado con ella. Creo que esto no es siempre así. Y nos corresponde a los científicos el colaborar a la desmitificación de la ciencia, por ejemplo clarificando sus objetivos y los límites de aquéllo que se puede afirmar y de aquéllo que no se puede afirmar. Terminaré con una frivolidad. Existe también un riesgo, acaso inconsciente, a tomar postura por el determinismo o el indeterminismo según nos vaya en la vida: por ejemplo, los fracasos se deben a la fatal contingencia y los éxitos a nuestra habilidad, a nuestro trabajo tenaz y a nuestra sabia capacidad de elección.

Jorge Wagensberg: No es mi intención elaborar conclusiones prematuras, pero creo que en las intervenciones que se han escuchado hasta ahora se pueden señalar ciertos aspectos en los que parece haber acuerdo. Dos actitudes me interesan especialmente. Y me interesan porque, a pesar de ser frecuentes y naturales, no acabo de compartirlas. La primera consiste en la insistencia (incluso preocupada insistencia, yo diría) en subrayar que una cosa es el determinismo o indeterminismo del mundo y otra cosa muy distinta es el determinismo o indeterminismo del conocimiento del mundo. Esto es del todo cierto y además completamente irrefutable. Pero me pregunto el porqué de tanta preocupación. Me parece muy lícito liberar la ciencia de todo compromiso ideológico y, como he dicho antes, para ello sirve en parte el método científico. Pero no veo por qué ha de ocurrir lo mismo con los científicos. El determinismo o indeterminismo del mundo se basa en una creencia y no en una investigación, es verdad. Y la ciencia se basa en investigaciones, y no en creencias, también es verdad. Pero las creencias se estimulan con datos de la percepción y del conocimiento. Así que no veo por qué un científico, cuyo oficio es percibir y elaborar conocimiento, no puede expresar, como cualquier otro ser humano, sus creencias sin que ello suponga la menor tacha para su rigor científico. Después de todo, la experiencia científica, la experiencia de interrogar explícitamente la naturaleza, vale por lo menos tanto (creo sinceramente que más) como la experiencia de la vida cotidiana. Y prueba de ello es la segunda actitud que quería comentar. Porque los que sí han dejado aflorar sus creencias (afortunadamente han acabado haciéndolo muchos reticentes) han mostrado también (como es lógico) la influencia de los estímulos que reciben durante su investigación habitual. En efecto, la tendencia general en el día de hoy ha sido claramente determinista (uno a cero, diríamos en términos deportivos), como corresponde a científicos que provienen de dominios de la abstracción pura o del análisis de sistemas simples. No creo equivocarme si afirmo que mañana las cosas pueden cambiar algo, pues lo ponentes se ocupan de sistemas más complejos y, en cierta medida, más próximos a las emociones humanas (biología, cosmología, teoría de los procesos irreversibles). Así pues, como considero lícito hablar de creencias y como mis estímulos científicos tienden a defender el indeterminismo, me propongo manifestar mi postura y su fundamento, es decir, voy a intentar empezar a nivelar el marcador.

El método científico, lo he dicho esta mañana en la introducción, es determinista. El científico es, de oficio, determinista. Como de alguna manera también ha dicho el profesor Ludwig en su ponencia, el científico retrocede hasta que puede practicar el máximo determinismo. Y, como ha señalado el profesor Mosterín, esto puede crear la injusta situación de que asignemos el peso de la demostración a los indeterministas: «El mundo es, en principio, determinista. ¡Que nos convenzan ellos de lo contrario!». Si ambas posturas parten con los mismos métodos iniciales, he aquí la línea de razonamiento. Dado que el conocimiento científico sí tiende a ser determinista (lo son las ecuaciones, aunque utilicen la probabilidad como variable), partamos de él y tomemos una definición cualquiera de determinismo. Por ejemplo: «Iguales causas producen iguales efectos». Estoy dispuesto a pasar por alto el detalle de que el término «igual» implica ya la idea de un error nulo o, lo que es lo mismo, la idea de una precisión infinita (el Dr. Ludwig ha mencionado ya que el infinito no es un concepto de la física). Si una variación pequeña en las causas provoca una variación igualmente pequeña en los efectos, todo va bien: el determinismo se sostiene. Pero resulta que la fenomenología de la experiencia física está ya repleta de casos en los que la menor fluctuación en las causas provoca saltos bruscos (cualitativa y cuantitativamente) en los efectos. Estamos ante el problema general de la inestabilidad. Tales situaciones se formulan en muchas teorías modernas (las catástrofes del profesor Thom, que, como hemos oído esta tarde, se ha mostrado determinista, las bifurcaciones del profesor Prigogine que oiremos mañana, etc.) y corresponden casi siempre a ciertas singularidades, a un conjunto que los matemáticos llamarían de medida nula. Pues bien, en estas singularidades, por lo demás propias de sistemas complejos en fuerte interacción con su entorno, sitúo el azar en su versión fuerte, el azar como estímulo para una creencia indeterminista para el universo. El profesor Prigogine y sus colaboradores han demostrado, además, algo muy importante para fundamentar esta creencia. En tales singularidades, no es sólo que cierta variable quede indeterminada, ocurre además que la propia variable desaparece, y si desaparece la variable, desaparece, evidentemente, la ecuación, y con la ecuación desaparece la ley. ¿Qué significa que desaparezca la variable? Pues sencillamente que ésta pierde su valor representativo, un valor que descansa en la validez de la ley de los grandes números. En efecto, en problemas de cinética química no lineal, por ejemplo, se ha demostrado que las variables de «concentración química» violan la ley de los grandes números en las bifurcaciones (en particular, dejan de corresponder a distribuciones poissonianas). El hecho de que una variable se pierda de vista me parece más fuerte que el hecho de que una variable sea aleatoria. En este último caso no se puede alejar lo suficiente del sistema para recuperar cierta ley. Un jugador de azar en un casino está más sujeto a los caprichos del azar que el propio casino (en eso estriba el negocio), y el casino, a su vez, más quizá que una compañía aseguradora, etc. Las fluctuaciones del casino tienden a cero cuando el número de jugadores tiende a infinito, lo mismo la aseguradora con respecto a los casinos. Y un jugador que, por ejemplo, apueste a un número de la ruleta lo hace con probabilidad 1/36 y cuantas más veces juegue menor será la fluctuación del cociente entre el número de aciertos y el de apuestas en torno a ese valor. Existe la variable probabilidad. Pero si resulta que la ruleta está trucada y que se cambia el trucaje en cada jugada, entonces la probabilidad desaparece en tanto que variable. Por mucho que juegue, las fluctuaciones no regresarán.

Siempre se puede decir, claro, que no porque no conozcamos la ley, la ley no existe. Es verdad. Siempre es posible pensar en el advenimiento de nuevas teorías ultrafinas que determinen el comportamiento en las singularidades. Con las creencias nos topamos de nuevo. Los que así piensan hacen bien en buscar teorías como la de las variables ocultas para la mecánica cuántica. Pero no es eso lo que me sugiere la observación de los sistemas inestables y su capacidad creadora. Me siento cómodo con un mundo determinista en la extensión rutinaria de las adaptaciones y azaroso puntualmente en ciertas singularidades. Tal esquema de coexistencia entre leyes y contingencias me propone un mundo razonablemente indeterminista en el que, como mínimo, quepo yo como ser humano con libertad y todo.

Josep Mª Pons: Yo quería hacer un comentario sobre el concepto de determinismo pero usado de un modo distinto al que correspondería cuando se emplea en los modelos matemáticos. Se ha propuesto, como una manera de entender el determinismo, la afirmación de que «iguales causas producen iguales efectos». Esta afirmación, leída en su versión intrarrecíproca, nos proporciona una propuesta de actitud: el hecho de encontrar efectos distintos presupone la existencia de causas distintas. Yo diría que esta actitud define lo que uno entiende por actitud determinista. Comparto, con aquellos que la han enunciado, la tesis según la cual «la ciencia valora y estima siempre la *existencia de un factor* en función de los *efectos* que produce». La historia de la ciencia está cargada de ejemplos en los que este factor, «desconocido» todavía, ha sido bautizado, ha recibido un nombre, lo cual ha significado el primer acto formal de conocimiento sobre él. Es cuando calificamos a una cosa de «X», tal como se hizo en su día con los «desconocidos» rayos X —éste fue un momento importante de su descubrimiento—. Es exactamente eso. Otro ejemplo: la famosa frase del personaje de Molière: «El opio adormece porque posee una vis dormitiva». Bien, siempre se ha tomado este texto como el paradigma de la pseudoexplicación, de la explicación vacía. Nos inventamos un término, un substantivo, «la vía dormitiva», para ocultar una ignorancia, así damos una respuesta —trivial, por supuesto—, a la pregunta de por qué el opio adormece. Debo decir, sin embargo, que este análisis no me parece demasiado satisfactorio y que, en una perspectiva histórica, es muy insuficiente. Porque también se puede hacer una lectura positiva de la frase de Molière. En realidad, haber bautizado este factor —«X=vis dormitiva»— es una propuesta para hacer investigación, una sugerente tentativa para ponerse a averiguar en qué consiste esta «vis dormitiva», de qué está compuesto el opio y de que manera operan estos componentes sobre nuestra fisiología para producir el sueño. Es por esta razón que hablar de una «vis dormitiva» ha podido ser útil: ha sido una propuesta para abrir camino. Así hemos roto con la tautología: de una explicación inicialmente vacía hemos pasado a una explicación con contenido.

Entendida como he dicho al principio —«a efectos distintos supongamos causas distintas»— la actitud determinista resulta irrefutable, porque si a una diversidad de efectos se atribuye una diversidad de causas (conocidas o no, bautizadas o por bautizar), nunca se llega a una contradicción. En realidad se trata simplemente de una actitud en lo referente a la investigación, de una actitud para orientar la investigación. La cuestión no es entonces su *refutabilidad* sino su *fecundidad*. Creo que esta actitud ha sido muy fecunda y probablemente esté en la misma base de la construcción teórica del mundo exterior como substrato de las causas de nuestra percepción.

La otra única actitud que permite todavía hacer ciencia, y con un empuje impresionante en los tiempos actuales, por cierto, es la actitud probabilista. Esta nace históricamente —hablo de tiempos modernos— como hija pragmática de la determinista. Quiero decir que no era necesario cambiar la concepción del mundo para adoptar, si convenía, la actitud probabilista. De hecho, la célebre definición clásica de Laplace de determinismo, la de la inteligencia que conoce todos los datos etc., se encuentra en su *Ensayo filosófico sobre las probabilidades*. Llegados aquí, la cuestión a plantearse es de si esta hija se ha emancipado ya de la tutela determinista y si ésta ha entrado definitivamente —¿se puede decir, nunca, esto?— en decadencia.

Evry Schatzman *es director de investigación en el CNRS de Francia y se le considera el padre de la Astrofísica en dicho país. Es autor de una extensísima labor de investigación en tal disciplina que va desde la nucleosíntesis estelar hasta la cosmología, y de numerosos ensayos filosóficos. Se declara decididamente determinista.*

Universalidad de las leyes
de la naturaleza y cosmología
Evry Schatzman

Resumen

La universalidad de las leyes de la naturaleza es la base de la filosofía natural materialista desde los tiempos de Epicuro y Lucrecio. Las observaciones astrofísicas confirman esta creencia que, de hecho, es el fundamento de cualquier intento por comprender el mundo que nos rodea —hasta el horizonte cosmológico. Como consecuencia de las propiedades del universo en expansión surge el problema de la relación causal entre porciones de universo que no estuvieron conectadas y que, a pesar de todo, muestran el efecto de condiciones físicas uniformes. Una cuestión más sutil concierne la desviación con respecto a un universo plano (condición que llamaremos de planitud), que fue increíblemente pequeña en el universo primitivo. ¿Debemos intentar explicar esta desviación con respecto a la planitud? ¿Debemos asumir que el universo es plano? Una reciente discusión en torno a la distribución espacial de ciertos objetos remotos (los cuásares) ha levantado nuevos problemas y la sugerencia de que el universo es esféricamente cerrado.

Estamos en un universo completamente determinista y ello es cierto incluso para el universo primitivo, por lo menos hasta donde se aplican las leyes físicas que conocemos.

Universalidad

El lobo come el cordero y con el cordero forma lobo, el cordero come hierba y con la hierba forma cordero.

Esto fue advertido hace ya mucho tiempo: desde Demócrito y Epicuro. Lucrecio lo dice de la manera siguiente: «...y ello de tal modo que la naturaleza muta en cuerpos vivos todas las formas posibles de comida».

El cambio continuo de los seres vivos en otros seres vivos, independientemente de formas y propiedades, permitió a los atomistas griegos imaginar un principio común, un constituyente invisible que podría dar lugar, con distinto ordenamiento, a las distintas criaturas vivientes. La teoría atomista no tiene otro fundamento. Esta idea de que el cambio de un ser vivo en otro sólo es posible debido a estar hecho de las mismas partes, pero ordenadas de otro modo, ha permanecido a lo largo de los siglos y ésta en la base de las grandes teorías físicas recientes. Al notar, como sucede día a día a partir de los datos proporcionados por los grandes aceleradores, que cada partícula libre en una interacción propia genera otras partículas, se llegó a la idea de que «un principio común, un constituyente invisible, pero con distinto ordenamiento, da lugar a las distintas partículas libres».

Esta afirmación sólo ha requerido sustituir «seres vivos» por «partículas libres». Es más, para extender la analogía, basta con sustituir *teoría atomista* por *gran unificación*.

Incluso si la comparación no es del todo válida, la parábola del lobo, el cordero y la hierba habla en favor del maravilloso poder de razonamiento de los atomistas griegos.

La habilidad de la naturaleza en generar especies y, por lo tanto, en producir cantidades de los mismos seres es inmediatamente generalizada por Lucrecio: «El mismo principio nos convence de que el cielo, la tierra, el sol, la luna y cualquier cosa viva no son únicos, sino que, por el contrario, existen en número infinito...».

Esta generalización ha llegado hasta nosotros. La versión moderna hablaría de un principio de universalidad de las leyes de la naturaleza, con la diferencia de que, en lugar de tratarse de una especulación, descansa sobre gran cantidad de datos observables.

El sistema de los atomistas griegos, con su pluralidad de mundos, fue eclipsado durante largo tiempo por el sistema aristotélico, más completo y consistente. La teoría del movimiento de Aristóteles, su discernimiento entre el movimiento circular perfecto y la caída imperfecta de los cuerpos pesados, condujo al rechazo de la existencia de otros mundos. Pero otro razonamiento, de naturaleza no-racional, hizo volver a la concepción de la pluralidad de mundos.

La creencia en Dios Todopoderoso llevó a imaginar la creación de otros mundos. En 1277, Etienne Temper, obispo de París, condenó 219 ideas comúnmente extendidas en las universidades, por considerarlas heréticas en tanto que limitaban el poder de Dios. Entre ellas había una según la cual «la causa primera no pudo hacer varios mundos». Tras esta condena arreciaron las críticas contra Aristóteles. Occam (1280-1347) decía: «Afirmo

100

que Dios pudo crear otro mundo, mejor que el nuestro y distinto en naturaleza»; Oresmes (1325-1382) afirmaba la existencia de materia extra-terrestre, abriendo así el camino hacia una nueva visión del universo. Giordano Bruno, en *La Cena de la Ceneri* (1584) declara que el mundo es infinito y, en el diálogo italiano *De l'infinito universo mondi*, defiende la nueva llamada de Dios hacia la unidad y la infinitud del universo: «...si en nuestro dominio del espacio infinito hay un mundo, una estrella-sol con planetas, lo mismo existe en cualquier otro lugar del universo».

Con el descubrimiento, mediante su refractor, de que la Vía Láctea estaba constituida de estrellas, Galileo rechazó la idea de un centro del universo y declaró que las estrellas son otros soles tan alejados que sólo podemos percibirlos como puntos brillantes.

El lugar del sol en la Galaxia y la naturaleza del sol entre otras estrellas no llegaron a conocerse hasta principios de siglo. Shapley (1921) pudo mostrar, a través del estudio de la distribución espacial de los cúmulos globulares, que el sol está muy alejado del centro de la Vía Láctea. El descubrimiento por Herzsprung y Russel (1905-1915) de las propiedades principales de las estrellas mostró inmediatamente que el sol es una estrella débil entre otras muchas estrellas débiles. Lambert, en el siglo XVIII, y Charlier en el siglo XX, imaginaron una jerarquía de sistemas que conducía a la desaparición completa de cualquier centro privilegiado.

La desaparición de un centro privilegiado culmina con la teoría de la gravitación de Einstein (1915), quien establece, de una forma nueva, la cuestión de un sistema de referencia absoluto.

Es el universo entero el que fija el sistema de referencia absoluto, cuya forma más obvia la constituye la radiación de fondo de cuerpo negro descubierta por Penzias y Wilson en 1965. En este sistema absoluto de referencia, nuestra galaxia es una galaxia entre miles de millones, sin situación ni propiedad especiales.

Pasemos a ver ahora, con más detalle, la idea de la universalidad de las leyes naturales. Esta palabra *(logos)* ya fue empleada por Lucrecio inspirándose en el movimiento ordenado de los cuerpos celestes. No obstante, su significado actual no es exactamente el mismo que el de hace veinte siglos.

Tan pronto como una teoría explica un hecho de manera racional, parece natural, siempre que ello no afecte ninguna otra cosa, considerarla como universalmente válida. Para Lucrecio, de igual manera que las letras del alfabeto pueden ser combinadas para dar un número infinito de palabras, los átomos pueden unirse entre ellos en una infinidad de maneras para generar los objetos y las criaturas que nos rodean. Esta afirmación no parece encontrar contradicción alguna y, por lo tanto, su validez universal parece quedar establecida. Actualmente, para formular esta afirmación, no podemos contentarnos con razonamientos puramente lógicos, sin embargo, nuestra manera de proceder en este sentido no es finalmente tan distinta.

El descubrimiento de una ley universal es inicialmente la consecuencia de un hecho experimental.

El hallazgo de los satélites de Júpiter por Galileo tuvo un gran impacto. Mostró que los planetas pueden girar alrededor del sol exactamente igual que Io, Europa, Gamínedes y Calisto lo hacen alrededor de Júpiter. El descubrimiento, por Kepler, de que los planetas se mueven alrededor del sol según elipses que tienen su foco en él, llevó a la siguiente conclusión: si el mismo efecto se debe a las mismas causas, existe una causa primera que explica el movimiento de los planetas. Esta causa primera fue establecida por Newton: es la ley universal de la gravitación. Esta primera ley implica ya una validez que va más allá de la experiencia humana sobre la tierra. Gobierna tanto el movimiento de la luna alrededor de la tierra como el de los planetas alrededor del sol. La observación revela que en el cielo hay miles y millones de sistemas binarios en los que cada una de las estrellas, siguiendo la ley del movimiento de Kepler, se mueve alrededor de una elipse con foco en el centro de gravedad.

El movimiento de Urano mostraba un comportamiento extraño que no podía explicarse a través de la atracción de los planetas conocidos a principios del siglo XIX. Cuando Urano estuviera supuestamente en conjunción con un cuerpo desconocido del sistema solar, la perturbación debería ser máxima. Independientemente, Adams y Leverrier trataron de determinar la masa y la órbita de ese cuerpo.

A partir de unos pocos supuestos acerca de la órbita del cuerpo desconocido en particular, admitiendo que la dimensión de la órbita viniese dada por la llamada ley de Bode-Titius, Le Verrier calculó una muy buena trayectoria aparente de Neptuno en la bóveda celeste que condujo a su observación inmediata por Galle.

El descubrimiento de Neptuno levantó una ola de entusiasmo. La ley universal de la gravitación tomaba repentinamente un nuevo *status*. No sólo daba cuenta del movimiento de los planetas conocidos, sino que la predicción y subsiguiente descubrimiento de uno nuevo significaba que se trataba, de hecho, de una representación de la realidad.

El movimiento de Mercurio, conocido con gran precisión, preocupó en gran medida a Leverrier (1855). El eje mayor de su órbita gira alrededor del sol en una cantidad residual, inexplicada por Leverrier, de 43 segundos de arco por siglo. Este movimiento no pudo explicarse hasta la nueva teoría de la gravitación de Einstein. Aunque difiere muy poco de la teoría newtoniana a escala del sistema solar, la teoría einsteniana se hace necesaria para el caso de cuerpos muy densos, cuerpos muy rápidos o a escala del universo. En cierto sentido, podemos decir que es más universal que la ley de gravitación newtoniana y, tras largos años de discusión, ha acabado siendo la única teoría válida capaz de explicar el movimiento de un púlsar binario: cuando dos estrellas, una de las cuales es un fuerte emisor de pulsaciones de radio, orbitan una alrededor de la otra a muy corta distancia, se observa una serie de anomalías en su movimiento que se ajustan maravillosamente a las leyes del movimiento einstenianas en el seno de un campo gravitatorio intenso.

La naturaleza de las estrellas

Copérnico comprendió acertadamente que, al situar el sol en el centro, el movimiento orbital de la tierra debe producir un desplazamiento aparente de las estrellas en el firmamento con respecto a un sistema de referencia terrestre. La ausencia de cualquier desplazamiento observable le llevó a tener que admitir que las estrellas se hallaban muy alejadas. La discusión acerca de la naturaleza finita o infinita del mundo abandonaba, así, los terrenos de la lógica pura o de la metafísica para entrar en el terreno científico.

Recordemos que, para Epicuro y Lucrecio, el mundo era infinito, pero esta concepción era una mera consecuencia lógica del principio según el cual el vacío sigue a la materia, la materia sigue al vacío, alternándose hasta el infinito.

Con el alejamiento de las estrellas no se alteró cualitativamente la cuestión de la finitud o infinitud. Sólo varió cuantitativamente. No obstante, la naturaleza de las estrellas se transformó completamente. Pasaron de pequeñas luces suspendidas en la bóveda celeste a objetos incandescentes que parecían débiles debido a su distancia. «Nada puede oponerse a la existencia de un número infinito de mundos» decía ya Epicuro; a partir del momento en que las estrellas se hallaban muy alejadas, este principio tomaba realidad.

La existencia de un número muy grande de estrellas parecidas al sol conforma el principio de universalidad de Lucrecio, y éste se hace patente cuando se considera la física de las estrellas y la importancia de las leyes universales de la física.

Kirchoff descubrió en 1859 que cada elemento químico se caracteriza por las rayas espectrales que puede emitir y que puede absorver. Este hecho tuvo inmediatamente importantes consecuencias astrofísicas. Huggins y Secchi (1864), observando visualmente con un espectroscopio, establecieron la presencia de unos pocos elementos químicos en las estrellas y nebulosas.

El descubrimiento de Huggins y Secchi fue muy importante. Mostró la unicidad de la composición química del universo. También mostró que los mismos procesos microscópicos responsables en la tierra de la formación de la radiación son los que operan en el sol y las estrellas. Hubo que esperar todavía muchos años para poder descifrar el mensaje de los astros y comprender que en todas partes hay los mismos elementos químicos y las mismas moléculas. Todos los elementos hallados en los espectros estelares están presentes en la tierra, pero, debido a la física de la emisión de la luz, no todos los elementos químicos pueden encontrarse en los espectros estelares.

La presencia de los mismos elementos químicos en todas partes también es la manifestación del principio de universalidad de Lucrecio. Asimismo, es portadora de otro mensaje. En la producción de rayas espectrales están implicadas numerosas leyes que conciernen, a su vez, a varias constantes microscópicas: la carga eléctrica, las masas del electrón y del protón y la constante de Planck, que aparece en todos los fenómenos cuánticos. La presencia de las mismas rayas espectrales, incluso en los objetos más remotos, muestra pues que estas constantes tienen el mismo valor en cualquier lugar del universo. Los mismos procesos físicos generan, en todas partes, los mismos espectros.

Podemos decir que la prueba cuantitativa de la universalidad de las leyes de la naturaleza alcanza el horizonte del universo observable.

Las galaxias

La observación muestra la existencia de un número enorme de galaxias. Hoy en día, con la instrumentación disponible, podríamos observar, en principio, 2 billones de galaxias. El telescopio espacial nos dará acceso a cerca de 500 veces más. Obviamente, la completitud sólo es posible en regiones muy limitadas del cielo, en *áreas escogidas*.

Como para las estrellas brillantes, en el caso de las galaxias cercanas se pueden distinguir detalles de su estructura. La observación muestra que no hay dos galaxias idénticas, pero que existen formas similares. El estudio morfológico de las galaxias se halla en la base de una clasificación, uno de cuyos tipos mejor conocidos es el que corresponde a la estructura espiral. Comúnmente se cree que la física que gobierna la aparición de estas formas es siempre la misma, esencialmente la gravitación y las leyes newtonianas del movimiento.

De manera aún más evidente que en el caso de la formación de las rayas espectrales, la morfología de las galaxias pone de manifiesto la unidad del universo y la universalidad de los procesos físicos, por cuanto las formas pueden reconocerse y clasificarse directamente sobre una placa fotográfica, sin la ayuda de ningún otro instrumento, sólo con los ojos —y el cerebro.

En el interior de las estrellas

Sólo después del descubrimiento por Einstein de la relación $E=m\,c^2$ entre masa y energía, pudo comprenderse la larga duración de la vida del sol. Harkins y Wilson (1915), Eddington y Perrin (1920) sugirieron que la energía solar se extraía de la transformación de hidrógeno en helio. Hubo que esperar un mayor conocimiento de las reacciones y secciones eficaces nucleares para comprender mejor las fuentes de energía del sol. En 1938, simultáneamente, Weizsäcker y Bethe hallaron el ciclo de reacciones nucleares que suministra la energía irradiada por las estrellas.

El acceso al interior del sol y, a corto plazo, al de las demás estrellas, es muy reciente. A partir de la sugerencia de Fowler (1967) de que los neutrinos solares podrían ser detectados, Davis emprendió un enorme experimento subterráneo en Dakota del Sur que le ha llevado casi 20 años. Los resultados de este experimento todavía están sujetos a discusión, pero no hay duda alguna de que contienen información acerca de lo que está sucediendo en el núcleo solar. Por otra parte, las mediciones extremadamente precisas de los períodos de los diferentes modos de oscilación del sol dan también acceso directo a la distribución interna de temperaturas y densidades del sol. Por de pronto, observaciones de las oscilaciones en cada una de las componentes de la estrella binaria Alpha Centauri están suscitando nuevos problemas. Otras observaciones similares previstas desde el espacio nos proporcionarán, dentro de un par de años, más información sobre la estructura interna de las estrellas.

El comentario que hicimos antes se aplica también ahora. Los mismos procesos microscópicos tiene lugar en todas las estrellas y nos dan la explicación básica de sus propiedades generales. Pero el análisis, mediante la teoría, de los datos observacionales acerca de la estructura interna proporciona además otra información importante: la composición química en el interior de las estrellas. A pesar de ciertas dificultades en la teoría, el resultado principal es que todas las estrellas tienen básicamente la misma abundancia de elementos ligeros. Ello conduce a la siguiente situación. Nuestra galaxia tiene una historia; su composición química ha ido variando desde su formación y, si se comparan las estrellas jóvenes y viejas, se puede tener una idea de la composición química primordial: 3/4 hidrógeno por 1/4 helio en masa y una muy pequeña abundancia de otros elementos. Parece bien establecido que, dentro de los márgenes de error, las demás galaxias tienen la misma composición primordial. En este caso, este resultado procede de las rayas espectrales emitidas por la materia interestelar. Esta uniformidad aparente de la composición química conlleva otro problema que trataremos en breves instantes.

Niveles de organización

Hemos visto distintos niveles de organización de la materia: los núcleos con sus protones y neutrones, el átomo con los electrones moviéndose alrededor del núcleo, las moléculas hechas de átomos. Asímismo, cabe mencionar la siguiente jerarquía de niveles: moléculas orgánicas, proteínas, vida, sociedad humana. Por otro lado, hemos visto las estructuras creadas por efecto de la gravedad: sistemas estelares, galaxias, sistemas de galaxias... y también los amasijos de átomos que forman los planetas y las estrellas.

Cada nivel tiene sus propias leyes y revela las del nivel inferior. Durante los siglos XVIII y XIX el contenido de la física creció notablemente. Cada vez más fenómenos y procesos iban encontrando una explicación racional. El determinismo, en el sentido laplaciano del término, parecía válido en todos los casos. Cada nivel podía describirse mediante las leyes de la mecánica, desde el movimiento de los planetas hasta las propiedades elásticas del sólido. La extrapolación de este punto de vista a todos los niveles parecía el camino natural. Actualmente, uno ve en La Mettrie un filósofo muy notable y un experto en la naturaleza humana. Sin embargo, el título de su famoso libro, *El hombre-máquina*, sugiere una visión del hombre totalmente mecanicista, que de hecho recuerda a aquellos impresionantes autómatas de Vaucanson.

No resulta sorprendente que pareciera haber un conflicto entre la conciencia del libre albedrío y el esquema mecanicista del sistema solar, así como en contemplar al hombre como un reloj.

No creo que haya contradicción alguna entre el tipo de determinismo que el ojo de un físico ve en el mundo físico y el concepto filosófico de libre albedrío.

El universo en expansión

La literatura mundial acerca del universo en expansión es tan rica que no parece necesario entrar en detalle en este tema.

Como ya se sabe, el hecho observacional más trascendente es el desplazamiento al rojo de las rayas espectrales. El que la raya espectral del hidrógeno a 21 cms. muestre el mismo desplazamiento al rojo que las rayas en el visible (con un rango de frecuencias de casi 6 decimales, exactamente un factor $4 \cdot 10^5$) ha descartado por el momento cualquier explicación que no sea el efecto Doppler. La expansión del universo es la explicación natural de los desplazamientos al rojo.

La física de la expansión está íntimante relacionada con la teoría de la gravitación. La gravitación ignora el efecto de apantallamiento y actúa a muy grandes distancias.

Consideremos un medio indefinido, con densidad uniforme y llenando todo el espacio. Definamos en este medio, alrededor de un punto escogido arbitrariamente, una esfera y una serie de envolturas esféricas. Dentro de la esfera, el conocido teorema de Gauss muestra que no hay efecto alguno debido a las envolturas. Pero en la superficie de cualquier esfera hay una atracción hacia su centro. Nada puede compensar esta atracción y, si imaginamos un medio infinito, libre de presión y en reposo, éste se ve obligado a colapsar. Podemos, sin embargo, imaginar también que las distintas regiones de la materia no están en reposo, sino que se están alejando. Cualquier esfera estaría expandiéndose y el movimiento de la materia sería la única forma de resistir al colapso. Se comprende fácilmente que, si la velocidad no es suficiente, el movimiento de expansión terminará por detenerse y seguirá un colapso.

Esta propiedad notable de la atracción newtoniana fue hallada hace ya casi un siglo por Neumann (1896) y Seelinger (1895, 1896) y es la base de la *cosmología newtoniana*.

La teoría de Einstein de la gravitación confirma estos resultados. Nada puede evitar el colapso o la expansión. Hay que resaltar que la expansión de un universo uniforme, homogéneo, isótropo y libre de presión no es consecuencia de la relatividad general: es consecuencia de las propiedades de la gravitación. Ciertos trabajos recientes, realizados por Peebles (1971) muestran, por ejemplo, que debido a la densidad muy pequeña del universo actual, el modelo cosmológico newtoniano es una muy buena aproximación en nuestro entorno, donde por este término debemos entender hasta una distancia de unos mil millones de años luz.

En 1965, Penzias y Wilson, observando la emisión radio del cielo a la longitud de onda de 7 cms., descubrieron la presencia de una radiación que proviene con la misma forma de todas las direcciones. Este descubrimiento ha sido confirmado. Esta radiación verifica la siguiente propiedad importante: es la radiación de un cuerpo negro.

Podemos ahora resumir brevemente la situación y comentar algunos puntos importantes:

1) el número medio de fotones por unidad de volumen es muy grande en comparación con el de bariones (protones y neutrones). La proporción entre ambos es de 10 mil millones a 1;

2) si consideramos el universo retrocediendo en el tiempo, se llega a un momento en que las galaxias no pueden ser objetos independientes. Tuvo, pues, que existir un gas que llenase el universo, y las galaxias tuvieron que nacer de él. La temperatura fue más elevada en el pasado y, en una época anterior, este gas estaba completamente ionizado y era opaco a la radiación. La transición entre el medio opaco al transparente dejó en libertad la radiación que, tras viajar miles de años en el universo, dio lugar a la radiación de fondo de cuerpo negro (RFCN).

Mucho antes que todo esto, la temperatura fue suficientemente elevada como para producir la síntesis de elementos ligeros a partir de una mezcla de protones, neutrones, electrones y neutrinos. El aspecto más importante de esta síntesis es que la razón entre las abundancias de helio y de hidrógeno no es muy sensible a los parámetros que describen el universo (en particular, la razón entre el número de fotones y de bariones) y es cercano a 1/3;

3) la notable isotropía de la RFCN, después de sustraerle el movimiento del sistema solar con respecto al campo de radiación (unos 300 km/s), muestra que, en el instante de desacoplo entre materia y radiación, había las mismas condiciones físicas en todas partes. Sin embargo, en el mismo instante, las regiones conectadas causalmente eran pequeñas, correspondientes a la masa de un cúmulo de galaxias. Para dar una idea del problema, podemos comparar la dimensión actual del supercúmulo local de galaxias, del orden de 100 millones de parsecs, con la dimensión de una de las regiones ligadas causalmente en el momento del desacoplo, que tendría actualmente cerca de 3 millones de parsecs.

La diferencia entre la dimensión de las regiones conectadas causalmente en el momento de la nucleosíntesis y la del universo actual todavía es más sorprendente. En aquel caso corresponderían a una masa del orden de una centésima de la solar.

Tenemos, pues, que enfrentarnos a la pregunta siguiente: ¿qué ha debido suceder para que el universo, aparentemente formado de regiones no conectadas causalmente, parezca tan uniforme, homogéneo e isótropo?;

4) si mirásemos hacia atrás en el tiempo, encontraríamos temperaturas cada vez más elevadas hasta el punto en que se alcanzaría cierto equilibrio entre la radiación y los bariones. El hecho es que, como ya se observó inmediatamente después del descubrimiento de la RFCN, en aquellas condiciones, el número de bariones y antibariones se volvería del mismo orden de magnitud que el número de fotones.

El universo está localmente formado de materia, y localmente significa, por lo menos, hasta una distancia de unos cientos de millones de años luz. ¿Se trata únicamente de un efecto local, o acaso el universo está formado tan sólo de materia? En cualquier caso, si consideramos los proceso físicos que tienen lugar durante la expansión y enfriamiento, nos vemos obligados a explicar por qué la razón entre fotones y bariones ha descendido hasta cerca de 10^{-10}. El lapso de tiempo transcurrido durante este cambio corresponde a un intervalo de energías que va alrededor de 1 Gev a en torno a 1 Mev. La física de partículas a estas energías se conoce bien y está bien comprendida, y no parece explicar el origen de la desviación con respecto a la aniquilación completa entre materia y antimateria. Esta desviación con respecto a una simetría total (llamada rotura de simetría) es necesaria. No sabemos si la rotura de simetría tuvo lugar en todo el universo, con el mismo signo en todas partes, o, por el contrario, ha habido dominios de aniquilación de distinto signo, en cuyo caso, en el universo, existirían regiones de materia y otras de antimateria.

5) existe una densidad característica del universo en la que se da la siguiente propiedad llamada *crítica*.

Si la densidad del universo es mayor que la densidad crítica, la atracción gravitatoria terminará por dominar la expansión y el universo colapsará; en cambio, si la densidad del universo es menor que la crítica, la expansión seguirá indefinidamente y la densidad se hará despreciable en el futuro. El valor actual de la densidad crítica, para un ritmo de expansión de 75 km/s/megaparsec (alrededor de 25 km/s por cada millón de años luz) es del orden de dos átomos de hidrógeno por metro cúbico. Existe una gran polémica en torno a la masa visible, pero no hay duda alguna de que la masa visible (por cuanto emite luz) conduce a una densidad de 3 a 10 veces menor que la crítica.

El valor de esta última es función del tiempo. Si retrocedemos, se hace cada vez mayor. En el instante de desacoplo, la época de la producción de la RFCN, la densidad difería de la crítica en sólo un factor 0,0007. En el momento de la nucleosíntesis difería sólo en un 2×10^{-10} y en el momento del equilibrio termodinámico entre materia, antimateria y radiación, ya sólo difería en un 2×10^{-13}. Al inicio de la expansión (enseguida comentaremos el sentido del término *inicio*), era sólo de 10×10^{-31}.

6) lo que debe entenderse aquí por «inicio» es aquella época en que la teoría gravitatoria de Einstein pierde su validez por cuanto los efectos cuánticos empiezan a ser importantes en esta fuerza. No hay actualmente consenso alguno acerca de una teoría cuántica de la gravedad. Sin embargo, se puede dar un orden de magnitud del momento a partir del cual la gravedad cuántica ya no es necesaria: 10^{-43} s, llamado *instante de Planck*. De hecho, la teoría deja de ser válida antes de alcanzar este instante, en el

110

rango de energías entre 10^{16} Gev y 10^2 Gev, donde podemos decir que los físicos están tan sólo explorando el problema. Pronto volveremos a esta cuestión.

Los problemas

Debemos afrontar el hecho de que, a escala macroscópica, las leyes de la naturaleza tienen validez universal, pero que el universo presenta cierto número de propiedades que piden una atención particular:

el universo es esencialmente homogéneo e isótropo, pero la escala de las regiones causalmente conectadas fue demasiado pequeña en el pasado para dar cuenta de esta homogeneidad e isotropía;

el universo está hecho de materia, al menos localmente, pero la gran proporción de fotones con respecto a bariones requiere una rotura de simetría bariónica;

el universo no tiene actualmente la densidad crítica, pero en el pasado estuvo mucho más cerca de este valor. La diferencia relativa fue muy pequeña y no hay explicación alguna de esta pequeña diferencia inicial. Si la densidad es exactamente igual a la crítica, esta igualdad se mantiene a lo largo del tiempo. Este es el caso correspondiente a un universo plano.

Estas tres cuestiones: causalidad, rotura de simetría y planitud constituyen el meollo de los problemas cosmológicos actuales. La gravedad cuántica está ahí, por decirlo de alguna manera, detrás del escenario, aportando tan sólo suposiciones acerca del universo primordial.

Constante cosmológica

Sin embargo, ¿es ésta la última palabra en cosmología? Los físicos intentan responder a estas tres preguntas y parecen contentarse con un modelo que satisface la causalidad mediante una rápida expansión temprana, produce la rotura de simetría apropiada y requiere la condición de planitud, así como una constante cosmológica nula.

En su primera formulación de la relatividad general, Einstein mostró que la forma lógica de derivar sus ecuaciones conducía a incluir una fuerza repulsiva cuya intensidad estaba determinada por una pequeña cantidad, *la constante cosmológica*. La dificultad de una constante cosmológica estriba en que no hay razón alguna para mantenerla o desecharla. Desde el punto de vista de la teoría de los grupos de rotaciones, es una cuestión que tan sólo concierne a la teoría gravitatoria de Einstein.

Con una constante cosmológica, se puede construir, como hizo Einstein, un modelo de universo estático. Pero un universo de este tipo es inestable frente a perturbaciones de cualquier escala. Con una constante cosmológica, como mostró Lemaître hace tiempo, la dependencia temporal de la expansión puede ser muy distinta de la que corresponde a otros modelos sin esta constante. Los modelos estándar sitúan el inicio de la expansión hace 8,5 mil millones de años. Los modelos del tipo de Lemaître lo sitúan el algún instante alrededor de hace 20 mil millones de años, en acuerdo con la edad de las estrellas más viejas de la galaxia. Neumann y Seelinger descubrieron el mismo efecto introduciendo arbitrariamente una fuerza repulsiva en su cosmología newtoniana.

De vez en cuando, hay una vuelta hacia cosmologías relativistas con constante cosmológica.

Existe una clase particular de objetos, los objetos casi estelares o OCE (en inglés, QSO's), que se caracterizan por un exceso de luz azul, una apariencia de tipo estelar con una extensión nebulosa, un gran desplazamiento al rojo y una luminosidad enorme (100 veces la de nuestra galaxia). La clase de los OCE incluye esas fuentes radio muy intensas llamadas cuásares.

Debido a su brillo, son visibles a distancias muy grandes que sólo pueden determinarse mediante desplazamientos al rojo. Souriau y colaboradores sostienen que estamos rodeados por una zona esférica vacía de OCE, no centrada en nuestra posición. El universo de Fliche, Souriau y Triay no es plano, es un universo esféricamente cerrado y tiene la particularidad de que se le supone constituido de dos dominios, uno de materia y otro de antimateria. Esta universo no es completamente simétrico y el dominio de la materia constituye la imagen especular del de la antimateria.

Esto hace referencia a un modelo esbozado por Goldhaber en 1956, que parte del átomo primordial de Lemaître, supuesto mitad materia, mitad antimateria, el cual se fragmenta en dos partes que dan lugar a la material y antimaterial, respectivamente, del universo en que vivimos.

La formación de dos dominios significa que, cuando la rotura de simetría tuvo lugar, adquirió el signo opuesto en cada uno de ellos.

112

Este modelo descansa sobre el desplazamiento al rojo de los cerca de 3000 OCE conocidos. El telescopio espacial nos proporcionará en un par de años gran cantidad de nuevos datos. Veremos entonces si el universo de Fliche, Souriau y Triay es el resultado de un accidente estadístico (un sesgo observacional) o si, por el contrario, es real.

Conclusión

Desde el punto de vista astrofísico, las leyes universales de la naturaleza actúan de manera completamente determinista. No hay otra forma posible de abordar las cuestiones suscitadas por la increíble variedad de los hechos observados.

Sin embargo, existe, y ha existido siempre, la gran tentación de extender estas leyes, que son válidas a cierto nivel de organización, a otro, e incluso pasar directamente del átomo al hombre. Es más, también resulta muy tentador leer los escritos de los físicos olvidando que las palabras tienen un significado especial. De esta forma, se puede llegar a una situación en que el lenguaje carece de sentido. Todavía hoy en día estamos hablando del alivio que nos proporcionó la descripción de la mecánica cuántica, ¡hace 60 años! ¡Y el «libre albedrío» del electrón constituye un alivio porque rompió con el determinismo e hizo libre al hombre!

El abuso del conocimiento científico, de las palabras científicas, es una historia que no termnina ahí. Esto se debe, sin duda, al gran poder de la ciencia y en particular de las ciencias físicas. La importancia del conocimiento científico es tan grande que se ha convertido en la componente principal de nuestros tiempos modernos. A pesar de todo, es sólo una herramienta. Si de lo que se trata es de alcanzar la libertad en una sociedad libre, entonces podemos decir que el conocimiento científico tal vez pueda ayudar a alcanzar esta meta, pero en ningún caso podrá sustituir la voluntad del hombre en una sociedad libre.

Eduard Salvador: Me gustaría iniciar el coloquio insistiendo en un punto mencionado en la conclusión final. Su posición ha sido claramente determinista en cuanto a las leyes de la naturaleza. La pregunta sería: ¿hasta dónde podemos extender esta postura determinista? Me refiero a ciencias propiamente humanas como la psicología, la sociología... incluso la política. ¿Es lícito? ¿Cuáles son los riesgos?

Evry Schatzman: Bien, creo que la tentación es fuerte, en efecto, y la razón acaso esté en los propios físicos que han tomado palabras para el lenguaje de la física que estaban ya cargadas de sentido en el lenguaje ordinario. Por ejemplo, hace 20 años la física debía bautizar una nueva cantidad de la mecánica cuántica, un número cuántico. Se eligió nada menos que el «encanto». Pero ¿quién se atrevería a decir que los quarks son encantadores por el hecho de tener «encanto»? En este caso, no existe problema, claro, es demasiado extremo y caricaturesco para que se dé la menor confusión. Pero existen muchos otros casos en los que el abuso de términos es flagrante. Sin embargo, y centrándome en la pregunta, quiero destacar que, en mi opinión, el conocimiento científico no debe determinar los ideales sociales. El conocimiento científico debe ser un útil para alcanzar ideales que, a su vez, han sido determinados por ¿el libre albedrío? La ciencia sirve para consumar una elección, pero no para determinar la propia elección. No es difícil dar ejemplos en los que la ciencia se ha mostrado como una herramenta eficaz y ejemplos en los que la creencia de que la ciencia puede proveer modelos sociales ha traído largos y difíciles problemas.

Rolf Tarrach: Sabemos que bastaría una ligera variación de las constantes fundamentales de la naturaleza (como la masa del protón, la carga del electrón o la constante de gravitación...) para que el universo fuera radicalmente distinto al que observamos y en el que vivimos. Y de acuerdo con nuestro conocimiento actual, el desarrollo de la vida inteligente hubiera sido imposible. En su opinión, el hecho de que las constantes de la naturaleza sean precisa y exactamente las que permiten que todos nosotros

114

estemos sentados aquí ¿es una cuestión de azar? O, por el contrario, ¿no será que existe una entidad más allá del espacio y del tiempo a la que debemos tal gran oportunidad?

Evry Schatzman: Bien, se refiere usted a una idea sugerida no hace mucho (en 1974, creo) y que se conoce como el principio antrópico. Me parece una concepción extrañísima del universo. El origen de la vida, por ejemplo, me parece ya un caso suficientemente difícil como para que le añadamos encima principios como el siguiente: «Lo que preexiste al universo es el pensamiento». Se trata de otra manera de introducir las causas finales, la teolología o, si se quiere, una idea de Dios científicamente dibujada.

Joaquín Boya: Dos breves cuestiones. La primera se refiere al estado actual de la regla de Bode Titius. Durante mucho tiempo esta regla numérica ha dado cuenta de las órbitas de los planetas sin que nadie encontrara la menor explicación física. La segunda se refiere al estado actual de nuestros modelos cosmológicos para el universo. Usted no ha mencionado el llamado modelo inflacionario del universo. Se trata, creo, de un modelo muy elegante que explica o quiere explicar algunos de los problemas que sí ha mencionado: el de la planitud, la cuestión del horizonte del universo e incluso un problema que se han creado los propios físicos: el de los monopolos. La teoría llamada GUT, la teoría de la gran unificación, crea con la densidad de monopolos un problema nuevo en cosmología que resuelve la concepción de un universo inflacionario. Incluso el problema de la rotura de simetría parece compatible con el universo inflacionario. Terminaré con un comentario sobre la gravitación cuántica que ha mencionado usted al final de su charla. Ha dicho usted que no hay acuerdo de los especialistas sobre este tema. Yo diría más, diría que la teoría de la gravitación cuántica no existe en absoluto. En realidad, sólo existen ciertas pequeñas piezas que quizá den forma en un futuro a teorías sobre la supersimetría. Gracias.

Evry Schatzman: Los logros recientes sobre la regla de Bode Titius no son demasiado convincentes. La idea más generalizada actualmente se basa en la formación previa de muchos objetos pequeños llamados «planetesimales». La cuestión que surge entonces consiste en saber cómo se agruparon después estos planetesimales. En este momento, el proceso no se comprende bien del todo. Parece que las distancias de los planetas son, de hecho, más bien aleatorias. Y para probar esta, digamos, loca idea, se han hecho experiencias numéricas. Consiste en lo siguiente: se generan diez números al azar, se ordenan por sus valores crecientes y se eliminan aquéllos que están demasiado próximos entre sí (para reflejar la idea de dos planetas que se han formado muy cerca uno del otro, por lo que, o bien se colapsarían, o bien escaparían después de una eventual interacción). Pues bien, la serie que queda cumple casi exactamente la regla de Bode Titius. En definitiva, creo que puede decirse que, en este momento, no entendemos realmente este aspecto de la formación del sistema solar. La física de la nebulosa primitiva está mejor descrita que la de la propia formación de los planetas.

En cuanto a la segunda cuestión, diré que la teoría del universo inflacionario no es la única sugerida recientemente. La idea más aceptada es que el rompimiento de simetría se dio con el mismo signo por todas partes. Sin embargo, hay científicos como Floyd Stecker que opinan que tuvo lugar con distinto signo en diferentes dominios, o como Souriau, quien concibe el universo esféricamente cerrado y compuesto de dos dominios, uno de materia y otro de antimateria. Si en mi charla no he seguido con las especulaciones es porque creo que el juego no ha terminado, no se ha dicho aún la última palabra. Y no sólo eso, además falta muy poco, unos cuantos años, los necesarios para que el telescopio espacial sea operativo. Sus datos serán decisivos.

Peter Landsberg: Me pregunto si estaría usted dispuesto a aventurar algo sobre las dos alternativas que, creo, quedan abiertas sobre la expansión del universo: la de un universo en continua expansión o la de un universo oscilante. ¿Se arriesgaría a una especulación *off the record*? Y si es así, ¿dónde está la materia que falta?

Evry Schatzman: Pues no, no me arriesgo. No veo el interés en especular sobre un punto que va a resolverse por sí solo en poquísimo tiempo, cuando los datos lleguen a nuestras manos. De momento esta cuestión no está en el rango de lo observable.

Peter Landsberg: Permítame insistir un poco. Supongamos que la respuesta es que no hay suficiente materia como para que la recontracción del universo sea posible. ¿Creee usted que tal cosa puede en verdad llegar a establecerse algún día? ¿No es posible que vayamos encontrando cada vez más materia a medida que penetremos con una tecnología cada vez mejor en la observación del universo? La densidad de materia que hemos medido ¿no será simplemente un límite inferior? Ha dicho que dentro de pocos años conoceremos por fin el valor de esta densidad, ¿definitivamente?

Evry Schatzman: Podemos observar directamente la radiación del cuerpo negro, que es lo más lejano que podemos alcanzar, pues, más allá la radiación es absorbida por el plasma. Es decir, si existe algo, debe estar entre la radiación del cuerpo negro y nosotros. Nuestros futuros descubrimientos dependen de tres cosas: de lo que mejoren nuestros instrumentos en poder de resolución, del número de objetos y de lo que mejore nuestra comprensión teórica dentro de la dinámica de estos objetos.

Günther Ludwig: Estoy de acuerdo con lo que usted ha formulado como universalidad de las leyes de la naturaleza, pero tengo una dificultad: la mecánica cuántica. La mecánica cuántica describe frecuencias de sucesos del universo y puede emplear la misma teoría tanto para la tierra como para las estrellas, pero, si intento aplicar tal teoría a los primeros momentos del universo, me encuentro con que sólo existe un universo, que no puedo hablar de frecuencias de sucesos. En mi opinión, para estudiar este caso, necesitamos una teoría más comprensible que la mecánica cuántica y que la actual física de partículas elementales. ¿No lo cree así?

Evry Schatzman: Hay cierta relación con la pregunta del profesor Landsberg. ¿Cuáles son las frecuencias de los movimientos cuánticos oscilatorios que observamos? Observamos la radiación del cuerpo negro, que es un fenómeno a escala muy pequeña comparada con la del universo. Tenemos también los elementos que quedan de la síntesis nuclear, otra forma de efectos cuánticos debidos a las interacciones fuertes del átomo; así explicamos la cantida de He^4 y H presente tras la expansión, pero, de nuevo, a una escala muy pequeña comparada con la de la propia expansión. Sobre los primeros momentos del universo no nos queda más remedio que especular, ya que no han quedado huellas de esta etapa, pero sería absolutamente fascinante encontrar algo relacionado con la época en la que se produjo la rotura de simetría. Pero es verdad, a medida que retrocedemos en el tiempo, cada vez entendemos menos lo que significan nuestros conceptos físicos.

Ramón Margalef, *nacido en Barcelona en 1919, es catedrático de la Facultad de Biología de la Universidad de Barcelona. Es especialista en biología marina y pionero de la biología teórica. En 1981 recibió el Premio Huntman y en 1984 el Premio Ramón y Cajal para la investigación científica.*

Variaciones sobre el tema de la selección natural. Exploración, selección y decisión en sistemas complejos de baja energía
Ramón Margalef

Repetidas veces se ha escrito que la selección natural es el único mecanismo en el mundo que puede extraer orden del caos. Yo creo que opinión tan tajante lleva consigo una considerable dosis de ingenuidad y quizá corresponde a una época ya pasada. En cualquier caso, el tema de la selección natural reitera, en otro terreno, la eterna cuestión del determinismo o indeterminismo en la naturaleza. O no sé si es lo mismo averiguar por dónde se nos cuela lo que nos atrevemos a considerar como novedad.

Veamos en qué consiste la selección natural. Puesto que el espacio ocupable es limitado, las entidades o sistemas que tienen la capacidad y la manía de autorreproducirse no pueden hacerlo de manera ilimitada. Han de esperar que otros mueran y dejen espacio libre, o morir ellos mismos, no hay sitio para todos. Es conveniente añadir, desde ahora, que los sistemas pueden reproducirse por lo que podemos llamar virtud propia, como los organismos, o bien pueden ser copiados por algún agente o sistema externo y más amplio, como son los virus, las palabras, las piezas fabricadas y los textos impresos, que dependen de otros organismos, del lenguaje, de la industria, o de la copiadora, respectivamente.

En virtud de la selección natural, el número de las réplicas que persisten por cierto tiempo es inferior al número de las réplicas que podrían generarse. Si las configuraciones o los organismos que persisten de preferencia siguen teniendo la misma forma que los que desaparecen, o si se trata de elementos de varias clases complementarias (palabras, organismos) y siguen conservando las mismas proporciones numéricas de antes, lo que hace que unos persistan y otros no se nos presenta indeterminado.

¿Quiénes son los elegidos? ¿Es una especie de lotería? Si se comprueba que existen o existieron diferencias entre los que persisten y los que se extinguen precozmente, se atribuye a características opuestas en que dichas diferencias manifiestan un valor positivo o negativo con respecto a la selección natural. A la larga, los seleccionados persisten y las características que los adornan se consideran como ventajosas, por lo menos en un asunto tan importante como es el seguir con vida. Pero, en este caso, generalmente es forzoso reconocer cierta indeterminación en lo que hace que un determinado carácter adquiera la configuración de la que depende que pase la prueba. La «mutación» aparece como indeterminada, independiente de cualquier proceso de selección que posteriormente puede ocurrir.

En los sistemas propuestos a los que se puede aplicar el concepto de selección natural, la indeterminación aparece derivada de nuestra ignorancia en relación con el funcionamiento de los sistemas de que tratamos; es un indeterminismo pragmático que hay que adoptar ante la inmensidad de un mundo que no podemos explorar adecuadamente, en el sentido y en el espíritu en que habla Popper en su «universo abierto».

Esto quiere decir que, en general, los biólogos aceptan el indeterminismo *de facto* que puede solucionar sus problemas en relación con la selección natural dentro de una visión estrictamente determinista del universo. Si la pequeña dosis de indeterminación que aceptamos en la práctica no se viera como una consecuencia de nuestras limitaciones, sino como un «derecho que se reserva la naturaleza», tendríamos una rendija por donde podría filtrarse un creacionismo, tanto a nivel de la aparición de nuevas variantes, como en las decisiones que llevan a elegir a unas o a otras de las variantes disponibles.

Renunciando a trabajar con esta última hipótesis, es preferible dirigir el esfuerzo a examinar críticamente la teoría ortodoxa de la selección natural, y mejorarla si es posible. Prueba de que no está exenta de dificultades es lo mucho que se ha escrito sobre aquélla y éstas. Por supuesto, que sólo pienso ocuparme de aquellas dificultades y de aquellos aspectos que escojo aquí y ahora. Fundamentalmente se trata de examinar si los procesos de decisión que definen quién sobrevivirá y quién va a morir son realmente uniformes. Existe la sospecha que los propios organismos, en función de su grado de organización, pueden modificar, complicándolos en el curso de la evolución, procesos de decisión que antaño eran más simples. De esta manera habría una evolución de las formas de selección natural y, por tanto, una evolución de la evolución, lo cual es muy coherente con la sorprendente capacidad que muestra la información para replegarse o envolverse sobre sí misma. O, para decirlo de otra manera, pasar de funciones en que los parámetros son importantes, a otras funciones en que la estructura de las funciones es lo que más cuenta.

Se ha dicho que la formulación de la selección natural y de la *fitness*, o adecuación de los individuos a superarla, es una tautología, por muchas vueltas que se le intenten dar. Puede ayudar a romper el razonamiento circular (7) la aceptación de algún criterio exterior, preferiblemente si viene de otra rama de la ciencia, por ejemplo de la termodinámica, y que puede tener la forma de un aserto en relación con las probabilidades de cambio. Por ejemplo, este criterio podría prescribir que un genotipo tiene una buena probabilidad de reemplazar a otro si implica un menor intercambio de energía o una menor reproducción de entropía por unidad de biomasa o de información. Esto es un ejemplo de la vía que supone intentar salir de una dificultad, pero no constituye la presentación de una hipótesis concreta, y en todo caso, antes de hacerlo, convendría examinar con más detalle la vía propuesta y otros aspectos asociados.

Otra dificultad surge al tratar de relacionar la probabilidad de supervivencia con caracteres que parecen intrascendentes y con posibilidad casi infinita de variar. La naturaleza nos parece variadísima y rica en detalles, que vemos como caprichosos. La selección de los organismos, cuyas características perdurarán, puede, en ocasiones, ser más semejante a una lotería que a un concurso de méritos. No resulta muy convincente argüir que tal apariencia es resultado de nuestra ignorancia, ya que no sabemos el significado de una característica cualquiera, incluso la que es aparentemente más nimia, en la red fantásticamente complicada de relaciones en las que se encuentran implicados todos los organismos. Este es un argumento que postula una «perfección» del mundo, pero no demuestra nada.

Mayor actualidad tiene el preguntarse por el nivel al que es efectiva la selección natural. Mi respuesta es: a todos, y pienso que es lo primero que se le ocurre a cualquier naturalista sin prejuicios. Pero el tema se ha complicado, y hasta creo que confundido, a través del desarrollo detallado de modelos cuantitativos relativos a la genética de poblaciones. Darwin aplica básicamente su concepto de selección al individuo, pero en relación con los insectos sociales con individuos estériles dice: «Esta dificultad, aunque aparentemente insuperable, disminuye o, a mi parecer, desaparece, si se recuerda que la selección es aplicable tanto a la familia como al individuo, y de esta forma puede alcanzar el fin deseado». En el sentido opuesto, en dirección hacia los menores componentes de los organismos, W. Roux habla del principio de la *Kampfes der Teile*, un siglo antes que R. Dawkins nos entretuviera con su *Selfish gene*, dos denominaciones efectistas para una manera semejante de ver las cosas, en el sentido de que la selección natural debe extenderse también a los componentes más pequeños en el encadenamiento de sistemas dentro de sistemas que se reconocen en la biosfera. La selección a nivel de grupo, la que se llama *inclusive fitness* (4) (5) (10) (11), ha sido reivindicada y divulgada ahora con consideraciones sobre el significado del altruismo, cuando es aplicable a animales superiores. Pero son pocos los que se atreven a hablar abiertamente de la selección a nivel de ecosistemas (15), aunque creo que tienen razón. El que algunos cosmólogos llaman el principio antrópico sería el límite último de esta forma de selección: sólo tienen existencia los universos que han desarrollado organismos capaces de interpretarlos a su medida. (Este aserto está aviesamente presentado, para estimular la reflexión.)

Retomando el hilo del tema principal, es oportuno señalar que los tres aspectos críticos señalados en relación con la selección natural: 1) implícita tautología que requiere otro criterio externo; 2) aparente indiferencia de las vías de evolución e inoperatividad de la selección en dominios de alta complejidad y poca energía; y 3) organización de la naturaleza —sistemas dentro de sistemas— que permite que la selección ocurra a muchos niveles con resultados muy complejos, armonizan plenamente dentro de la visión global de la naturaleza que, creo yo, ha inspirado la organización de esta reunión.

*

Antes de volver al tema de la selección natural, en el sentido de Darwin, conviene que haga mi profesión de fe, es decir, presentar mi concepción de la naturaleza dentro de la que, así lo espero, algunas de las dificultades que suscita el concepto de selección pueden llegar a desvanecerse.

124

En primer lugar, conviene recordar la noción de sistema, formado por un conjunto de componentes y de interacciones. Un átomo, el sistema solar, un ecosistema, la sociedad humana, son sistemas. La red de interacciones entre los componentes del sistema no es uniforme y generalmente es muy parcial. Si todas las interacciones o conexiones fueran semejantes e intensas, el sistema sería una cosa rígida, a la que llamaríamos, probablemente, un objeto. Comparar un tren con un grupo de automóviles en una carretera ayuda a precisar aquella noción. Los vagones están unidos unos a otros de manera relativamente rígida, mientras que los automóviles se relacionan unos con otros a través de un mecanismo más elástico, que pasa por los correspondientes conductores y los circuitos de *feed-back* en que están implicados. Este sistema constituido por vehículos da a cada conductor la sensación de conservar el control —y lo tiene para producir algún accidente— y hace al conjunto flexible, con ciertas propiedades quizá no ensenciales, pero sí interesantes, como es la de generar ondas de tráfico. Además, sólo el *feed-back* representa aceptar un nivel de referencia de manera que, en otro género, podemos establecer relaciones con las ideologías o con la moral.

La flexibilidad del sistema depende de que no todas las conexiones son iguales. En sistemas o circuitos mecánicos o electrónicos, la cosa es obvia. En la naturaleza viva, a pesar de lo que dicen los ecologistas con indudable buena intención, no es cierto que todo esté igualmente unido a todo y que el quitar una florecita o una mariposa arriesge la supervivencia de todo el sistema. No se puede construir un sistema estacionario con todos sus elementos igualmente conectados. Las discusiones, en relación con los ecosistemas, se han prolongado *ad nauseam*, y han conducido a averiguar —lo cual es un resultado no despreciable— que la naturaleza tiende hacia ciertos valores medios de conectividad; siempre es posible ir complicando un ecosistema sin alterar demasiado su aspecto general, a condición de conectar con prudencia, es decir, muy parcialmente, las nuevas especies que se añaden. Es obvio que tal restricción se ha de manifestar en la forma de operar la selección natural, que puede ser diferente en los sistemas de distinto grado de complicación. Recordemos que la selección natural consiste en una secuencia de procesos de decisión dependientes de configuraciones externas aplicadas, filtradas por los propios organismos de manera no siempre uniforme.

A escala cósmica, la falta de rigidez de los sistemas se ha de relacionar con la limitación de la velocidad de propagación de las ondas electromagnéticas y con la propensión general en la naturaleza a la cuantificación. En realidad, el universo no está ocupado por un «gas» uniforme, sino que está altamente estructurado. Esta misma flexibilidad interna de los sistemas hace que marquen un tiempo. La discontinuidad muy marcada de los componentes es una característica de la biosfera de la tierra, pero no sabemos si también lo ha de ser de cualquier biosfera posible o pensante. Un tema de reflexión que acostumbro ofrecer a mis alumnos es invitarles a pensar sobre si sería posible concebir la vida en forma de lámina o película continua extendida uniformemente sobre el planeta, y si encuentran razones para justificar que haya prevalecido la discontinuidad de los seres vivos, tal como los conocemos.

A medida que creemos avanzar en la comprensión de la naturaleza, nos vamos convenciendo de que existen muy pocas leyes, y que quizá la mayor parte de ellas se expresa declarando imposibles algunas cosas, de manera que la constructividad del mundo se basa en unos pocos letreros de «prohibido el paso». Los más notables son los que han reconocido la termodinámica; por ejemplo: una misma energía no puede emplearse dos veces seguidas de la misma forma. Las sucesivas utilizaciones de la energía y la degradación o pérdida de calidad que experimenta con las sucesivas transacciones, dejan huella en la materia en forma de una complejidad creciente: los pasos de la historia. A la imagen de la degradación energética que conduciría a un universo de temperatura uniforme, a la muerte térmica, se superpone la imagen de la complexificación creciente de la materia que podría llegar a un «desván cósmico» en el que se conservarían todas las «obras de arte» del pasado, toda clase de estructuras que ya no sirven, que no son actuales y que ya es imposible modificar, porque ya no queda energía capaz de hacerlo. Esperar a que no estemos o estén condenados ni a uno ni a otro final —que vemos como equivalentes— es para mí tan importante como decidir acerca del aparente determinismo o indeterminismo del mundo. Supongo que es la *misma* cuestión. Yo tendería a asociar la visión del mundo en un dominio fluctuante, entre el todo energía y el todo materia congelada, con una visión de indeterminismo práctico, porque personalmente pienso que los límites del universo son indecisos y no figurables en absoluto desde nuestra posición.

La misma concepción sería válida a todos los niveles de los

sistemas, es decir, siempre tendríamos una gradual degradación local de la calidad de la energía, apareada a un aumento de la estructura, expresable también en términos de información. Esto ocurre en el tiempo y, en realidad, puede servir para medir un tiempo (por ejemplo un tiempo biológico), pero no puede considerarse uniforme. Al principio, vemos un proceso energético en el que se puede reconocer cierta dirección, o, por lo menos, se ve bien determinado al permitir percibir de manera inconfundible las dependencias de causa efecto. Hacia el final, la situación se complica, parecen multiplicarse indefinidamente las rutas posibles e indiferentes, pero sólo se pueden realizar unas pocas, o una sola de las configuraciones que *a priori* se adivinaban como posibles. (Este es, por supuesto, un dominio donde puede operar la selección.) Pero, por otra parte, es evidente que todos estos detalles, o muchos de ellos, persisten porque no hay energía suficiente para borrarlos o suplantarlos. En el cambio de los sistemas naturales, sea la estabilización después de una mezcla vertical en las aguas de un lago, sea el desarrollo de un organismo, sea la sucesión de un ecosistema que ocupa un área nueva, reconocemos siempre esta misma asimetría fundamental que, de manera muy abreviada, pero expresiva, se puede caracterizar diciendo que pasa de un proceso a un *pattern* o configuración de gran complejidad y aparente indeterminación en el detalle. Los dos extremos, que pueden verse también como aspectos de un mismo sistema, según el punto de vista elegido, y reconocerse en grado diferente en lugares distintos, reflejan una asimetría fundamental en la forma en que nos aparece la naturaleza. Quizá la doble lista siguiente sugiera otros aspectos o contribuya a la comunicación de lo que quiero decir: puede verse como una paradoja que lo aparentemente indeterminado se genera a partir de un proceso que analizamos como estrictamente determinado:

proceso	*pattern*
determinismo	indeterminismo
predecible	impredecible
orden	desorden, caos
finitud	infinitud
Newton, Laplace	Bernoulli, Kolmogorov
Palladio	Gaudí
ley física que elimina el tiempo	descripción no abreviable

simplicidad	complejidad
astronomía	predicción del tiempo atmosférico
genotipo, preformación	epigénesis, fenotipo
inicio de una sucesión	clímax
crear un servicio	desarrollo de una burocracia

La naturaleza está hecha de sistemas dentro de sistemas de manera indefinida. Con referencia a un determinado sistema, cualquier perturbación que venga de fuera, o no sea «predecible» desde dentro del sistema de referencia, representa una entrada de energía que destruye más o menos parcialmente un *pattern* existente y vuelve a poner en marcha un proceso que sigue ciertas vías y acaba, a su vez, al perder energía disponible, atascado en el dominio de complicación creciente. Todo esto ocurre a muchos niveles y existen perturbaciones de todas las intensidades a nivel de los ecosistemas, desde las colisiones de la tierra con planetoides hasta las heladas de cada inverno. Lo que debemos retener en este punto es la asimetría en los cambios: la entrada de energía, la perturbación y el volver a poner el sistema en una situación «inicial», donde despertar o recomenzar el proceso, es rápida; pero la «evolución» normal y gradual que conduce a las etapas de gran complejidad puede prolongarse indefinidamente. De hecho, las etapas finales, de gran complicación, no se ven cambiar sustancialmente, probablemente, entre otras razones, porque ni se comprenden las diferencias de significado entre situaciones de gran complejidad, aunque se ve vea que no son idénticas ni se puedan medir.

Este tema se relaciona directamente con el de la sucesión ecológica y, a través de ella, con la evolución. Ha sido muy instructivo para mí personalmente considerar atentamente lo que ocurre con las poblaciones del fitoplancton. Resulta cómodo colocar el comienzo de un análisis en coincidencia con alguna perturbación profunda, por ejemplo después de una mezcla o renovación de las aguas, que destruye una estructura preexistente. Existe una gran variedad de organismos unicelulares que pueden servir de semilla. El desarrollo de las poblaciones, en este momento, se relaciona con la disponibilidad de nutrimiento y de luz, y los movimientos del agua, a través de expresiones analíticas, que son malas, aunque uno tiene el convencimiento de que siempre pueden mejorarse. Pero pronto los distintos volúmenes o paquetes de agua se van aislando, es decir la mezcla, por lo menos la vertical, ya no es tan intensa, y las poblaciones de organismos se diferencian localmente, hasta que su conjunto contiene estructuras de una gran riqueza, ante las cuales es forzoso renunciar a la pretensión de seguir en detalle cadenas de causación, y debemos pasar a un estudio estadístico. Nunca sabremos si las diferentes trayectorias son infinitas y aparentemente equivalentes o indiferentes en su probabilidad de ser seleccionadas; ¿por qué se encuentran unas y no otras? Por supuesto, no hay espacio para todas. Pero la teoría científica que conduce a desarrollar fórmulas para dar razón de la dinámica del ecosistema se encalla en un terreno de baja energía, donde aparecen posibilidades infinitas, cuyo examen requiere otro enfoque.

Hay que aceptar que un ecosistema es una máquina que «no puede dar dos vueltas permaneciendo idéntica a sí misma», un principio que puede introducirse en modelos matemáticos nuevos que sean más fieles a la realidad que los corrientes (8). La aplicación de los modelos ecológicos más al uso encierra una contradicción fundamental. Modelos que funcionan como un mecanismo de relojería se suponen aplicables a especies o bloques de especies, y se escogen unos coeficientes de interacción apropiados para mantener estacionario el sistema. Esto es hacer trampa, porque los verdaderos coeficientes de interacción, en la medida en que existen y son medibles han de conducir a una evolución gradual del sistema, evolución o sucesión que suele ser interrumpida por pequeños respingos o regresiones que conducen al sistema a un estado comparable a otro que se había superado con anterioridad, aunque jamás idéntico.

Tal vez pueda encontrarse una equivalencia entre la cantidad total de energía disipada y la cantidad total de información que aparece acumulada al final, por ejemplo, y para concretar ideas, del desarrollo de un organismo o de una sucesión ecológica. Pero hay una desigualdad en el tiempo. El centro de gravedad de la disipación de energía ocurre antes que el centro de gravedad en la acumulación de información. En parte porque la primera información cuesta más de adquirir, y un sistema ya rico procesa y asimila más fácilmente nueva información. En las etapas avanzadas o posteriores, en los sistemas orgánicos que cambian (líneas filéticas, ecosistemas) suelen encontrarse individuos mayores. Una computadora o un cerebro de dimensión doble contiene y procesa más información que dos cerebros o computadoras de dimensión sencilla. Entidades unificadas más amplias, de vida más larga y tasa de renovación más lenta, que pueden manipular más información, añadiendo la cultural a la energética, al parecer, a medida que pase el tiempo, adquieren preeminencia. Tal sería también la «superioridad» manifiesta en lo que se ha llamado sinergismo, la integración de sistemas parciales en sistemas superiores. Todo esto es también selección, aunque no suele entrar en la ortodoxia del momento. Como escribía en la cubierta de un libro de 1980 (9): «Para los más, el éxito del individuo que ha pasado ciertos genes propios a la generación siguiente basta como explicación, y *huelga hacerse más preguntas*. Para otros, propiedades comunes a todos los sistemas físicos impusieron la discretización de la vida en individuos y establecen condiciones de coexistencia y coevolución. Estas anticipan, en buena medida, quién superará la selección y explican otras regularidades en la organización de la biosfera». La mayor fracción de la energía se degrada a nivel de los productores primarios; pero la información aumenta más en los mamíferos. La falta de coincidencia, en el tiempo y en el espacio, entre dónde y cuándo se degrada la energía y dónde aparece la información que puede ser equivalente, es un fenómeno general y preocupante. Tal falta de coincidencia puede relacionarse con la asimetría de las relaciones más elementales. Un ejemplo aparentemente muy sencillo, quizás al alcance de cualquiera, pero válido como otro cualquiera, puede ser el de las relaciones entre insectos y aves. Las interacciones entre los individuos de una población de insectos y los de una población coexistente de aves forman un colectivo único en cualquier ejemplo concreto que se estudie; pero la distribución de las interacciones tiene un carácter diferente para las aves o para los insectos. Para un insecto, una interacción es probablemente el fin de la vida individual. Para un pájaro, la interacción es un episodio que se repite con frecuencia.

Puesto que se trata de elementos reproducibles en los dos casos, en este caso de especies formadas por individuos, todos están sometidos a la selección. En el insecto, la selección natural ha de llevar a nuevos caracteres de manifestación inmediata y defensiva, por ejemplo, en relación con el color, como puede ser la expansión de formas melánicas en mariposas. Pero, en el pájaro, las características seleccionadas en esta fase de la evolución serán más bien las que configuren su capacidad de aprender —una capacidad para manipular y aumentar información— y no las que tienen expresión química o morfológica inmediata. Po-

130

dríamos decir que, en el insecto, ha de evolucionar más el *hardware* y en el pájaro la *software* (lo que pide una mayor capacidad del *hardware* para manejarla). La vida no reconoce distinción precisa entre *hard* y *software*; todo es memoria y procesador a la vez, por lo que podemos ver en la llamada «inteligencia artificial». Así, en el pequeño sistema binario formado por el insecto y el pájaro, como especies, la energía entra a través del insecto y allí ha de ocurrir una mayor degradación y disipación; mientras que es al otro lado, en la población del pájaro, donde la información aumenta más. Podría decirse que, en cualquier relación de intercambio, la información aumenta más del lado donde había ya más información desde antes. Esta asimetría encuentra una expresión apropiada en una frase de los Evangelios, si se me permite emplearla en un sentido ciertamente diferente del prístino: «Porque al que tiene se le dará y el que no tiene será privado aun de aquello que tiene».

El misterio, si quiere considerarse como tal, es que la equivalencia entre la energía (imprecisión de lugar) y la información (indiferencia con respecto al tiempo) se dan en puntos diferentes del marco espacio-temporal. Hoy aumenta la entropía y mañana nos damos cuenta de que la información ha aumentado. Un aumento de entropía en un lugar se corresponde con un aumento de información en otro lugar. Todo esto se relaciona con las diversas formas de interacción entre insectos y flores, entre insectos y pájaros, entre personas, etc. La gran variedad del mundo depende de que esta equivalencia se manifiesta, en forma de transferencia, a velocidades muy diferentes según los distintos lugares.

Si estas ideas generales resultan aceptables, es posible generalizar el estudio de las interacciones entre sistemas distintos por su posición en una escala de proceso-*pattern*, o de energía o entropía/información. El sistema más «maduro» (creo que es innecesaria una definición) «explota» al menos maduro, al que está más cerca del proceso y que produce relativamente más entropía, y puede llegar a asimilarlo completamente. Un excelente ejemplo biológico es la asimilación de las zooxantelas, algas unicelulares, por parte de la organización de los corales constructores de arrecifes, pero la relación, en general, es de las más obvias en toda la ecología. Me doy cuenta de que estoy moviéndome despreocupadamente de unos dominios científicos a otros, de manera que ciertas palabras pueden pasar a cubrir analogías o metáforas potencialmente arriesgadas. La información, por ejemplo, puede considerarse sinónima de forma, de organización, una interpretación que yo favorecería; pero también puede recibir un significado que depende de una información otra o anterior. En todo caso, un rasgo común a las distintas acepciones es que hace fácilmente de puente a través del tiempo. Y quizás baste esto.

Estamos acostumbrados a que cada ciencia trate de sus sistemas, a su nivel: la física, los átomos; la química, las moléculas; la ecología, los ecosistemas, etc... Quizá debiéramos tratar de salir de estas limitaciones útiles o convenientes: en realidad, el universo sería un solo sistema, aunque dentro de él pueden reconocerse sistemas de menor categoría, y los veremos tradicionalmente a unos encajados dentro de otros, en una especie de jerarquía indefinida. Lo que podemos llamar tendencia a la discontinuidad, a la cuantificación, facilita el reconocimiento de los distintos niveles de sistemas: galaxias, sistemas solares, átomos, individuos, etc.. Por otra parte, la flexibilidad interna de los sistemas, el que las relaciones no sean igualmente intensas entre todos y cada uno de sus elementos, facilita desarrollar las nociones de jerarquía. Sabemos que, en la sociedad humana, cortar relaciones personales equivale a desarrollar una jerarquía que, aunque tiene un significado bastante diferente, implica sustancialmente los mismos principios de organización que ahora tengo en mente.

Me parece que puede ser útil llevar un poco más allá estas consideraciones; sólo para recordar la clase de sistemas que pueden considerarse compuestos de sistemas subordinados que tienen la propiedad de reproducirse, por sí mismos, o por agentes externos. Su interés es directo en ecología, puesto que los ecosistemas están constituidos por organismos de diversas especies. Los individuos nacen y mueren y sus abundancias respectivas se regulan en el marco de las restricciones impuestas por la operación del conjunto del ecosistema. La analogía más instructiva puede encontrarse en el lenguaje, hecho de componentes que son las palabras, cuyas frecuencias respectivas dependen de la naturaleza del lenguaje y del tema del discurso. He desarrollado más este tema en otro lugar (9), y una de las conclusiones a que llegaba es que, si los sistemas componentes (especies, palabras) son capaces de evolucionar, la influencia del sistema más amplio del que forman parte (el ecosistema, o el lenguaje, en estos casos) inhibe más que no estimula la evolución. El sistema amplio actúa como represivo del subsistema subordinado. En el caso de la ecología y la evolución, la relación es obvia. Ya se fijó Darwin especialmente en los animales y en las plantas domésticos porque, al quedar desgajados de los ecosistemas naturales a que pertenecieron sus ascendientes, manifestaban sin tantas cortapisas su capacidad de cambio o evolución. Hoy sabemos, además, que la evolución a nivel de la sustitución de genes va mucho más deprisa que la evolución de los fenotipos. Se puede aceptar, por tanto, que la velocidad real de evolución se mantiene muy por debajo de la posible. El único factor a tomar en consideración es, por tanto, la organización de los ecosistemas. La evolución, la selección natural, obviamente, no operan en un vacío. Los ecosistemas son propiamente las máquinas de la evolución.

*

Retornando ahora a la selección natural, en su sentido biológico más restringido, comprendemos que no se puede hablar de selección en el vacío, fuera del contexto en que vive la especie. Pero quizá por costumbre, o por aceptar sin dudar estos supuestos, se comenta o se anticipa el éxito de una especie o genotipo en relación con otra, a partir de su capacidad para producir un número más elevado de descendientes. La que puede multiplicarse más rápidamente es la que ganaría. En este sentido, *fitness* se hace igual a capacidad de producir descendientes. Es posible que este criterio, o el de dar preferencia a la especie que permite la circulación de un mayor flujo de energía, pueda ser válido en las primeras etapas de la ocupación del espacio, en los inicios de una sucesión. Pero el desarollo histórico en los pequeños segmentos de sucesión —de proceso a *pattern*— no permite generalizar un criterio uniforme. En su análisis de velocidad de evolución o de cambio de especies, principalmente cuando coexisten con otras y todas ellas se hallan insertas en un sistema propicio a la evolución, Van Valen propuso su símil de la Reina Roja, sacado de un personaje de *Alicia en el país de las maravillas*, que asegura que, si uno no corre todo lo velozmente que puede, pierde fatalmente su sitio. Pero el biólogo, principalmente el ecólogo, puede dar la vuelta al argumento y decir que la tasa de multiplicación o de renovación de una población desciende hasta el límite justo que permite la persistencia. Podemos atrevernos a decir que, en las primeras etapas de la sucesión, llegan a dominar las especies que en aquellas condiciones consiguen multiplicarse más deprisa, mientras que, en las etapas más avanzadas o más próximas al

133

clímax, persisten aquellas especies que pueden mantener su puesto con el menor dispendio posible, con la ventaja de que, si su tiempo de generación es largo, pueden acumular y poner en juego una considerable información cultural.

Los criterios de selección, que hacen que unas especies o unos genotipos se extiendan más que otros, pueden no ser idénticos en el curso de la sucesión. Tampoco lo son en función de los niveles tróficos. Por ejemplo, son algo diferentes en las plantas, sometidas a una presión invariable de consumo, por muchos recursos defensivos que se inventen, y en los depredadores corpulentos que no tienen prácticamente enemigos de gran tamaño. Por esta razón, se habla de distintas estrategias de evolución, que fundamentalmente se basan en que los «argumentos» que deciden la supervivencia de distintas formas enfrentadas y no idénticas no son siempre los mismos. Pero están de acuerdo con el modelo proceso *pattern*, ya que se orientan primero a la ocupación más rápida del espacio, haciendo uso del trabajo realizado por una gran cantidad de energía externa disponible (lluvia, agitación del agua) y, en segundo lugar, a mantener la máxima organización o información con el mínimo cambio relativo posible de energía. Pequeñas sucesiones, como el desarrollo de una floración planctónica en un estanque, o la sucesión de una boñiga de vaca en un pasto de montaña, ofrecen ejemplos excelentes. Sus principios generales pueden analizarse experimentalmente y la formulación clásica de Volterra y Lotka puede servir para racionalizar lo que ocurre, a pesar de sus deficiencias (entre ellas, su carácter de modelos diferenciales y no cuantificados como requieren los organismos, ignorar el espacio e ignorar la termodinámica).

Creo que puede ser provechoso apurar el examen de las diferencias entre los modos de selección en los ecosistemas que se encuentran en una etapa inicial de alto dinamismo, donde se reconocen procesos de organización, y los modos de selección que operan en las etapas donde las estructuras del ecosistema divagan despacio en un campo de poca energía libre para el cambio.

Cuando uno reconoce que la selección natural opera en un mundo que, por sus propiedades *ecológicas*, no es uniforme, no tarda en darse cuenta, además, de que las mayores dificultades para una formulación clara, coherente y simple de la selección natural se encuentran en el dominio de su operación, en el área de los sistemas de dinamismo amortiguado y de exagerada complicación de detalle. En las otras situaciones, como es en el inicio de una sucesión, son más aplicables los estereotipos de la «lucha por la vida». No es sorprendente que en las situaciones más complejas se cuele cierta aparente indeterminación; entonces, las diferencias locales parecen difíciles de explicar mediante un concepto demasiado tosco de selección natural.

Puede ayudar a esclarecer la situación el comparar los procesos de selección con procesos de decisión. Hablar de decisión supone un sujeto no puramente pasivo, que puede escoger *sus* criterios de decisión. Es decir, el concepto de selección natural es susceptible de complicarse cuando lo que garantiza la supervivencia no es una simple elevación de la tasa de multiplicación o cierta forma de respuesta directa a determinado agente o factor externo, sino que presupone una cierta capacidad de combinación de diferentes estímulos, o la capacidad de aprender. De esta forma, mientras que en las primeras etapas de la carrera, las especies competían corriendo unas al lado de otras, codo con codo, llega un momento en que algunas de ellas pueden ignorarse mutuamente, estableciendo conexiones muy complicadas que no son coincidentes. El número de ejemplos que acuden a la pluma del naturalista es ilimitado: pensemos en las complicadas relaciones de mimetismo y cómo se desplazan bajo diferentes presiones, o en los grupos de especies de insectos que viven en agallas inducidas por una de estas especies; o en aquellas especies que desarrollan distintos complejos de relaciones en diferentes momentos de su vida, como muchos insectos de larvas acuáticas, o animales marinos de larvas plactónicas, en un ciclo vital que puede calificarse de esquizoide.

Hablar de un proceso de decisión significa aceptar un complicado sistema de *feed-back*, de modo que la historia pasada de la especie tiene peso y significado. El fantasma de Lamarck es difícil de exorcisar en las discusiones sobre evolución, porque la idea fundamental, o por lo menos la idea aprovechable de Lamarck no es la herencia de los caracteres adquiridos, sino que los hábitos y las apetencias pueden guiar la evolución futura, por configurar, de una otra manera, la constelación de las características que se eligen para basar en ellas el proceso de decisión, o de selección. La configuración de decisión —fruto de la exploración por parte del organismo y del éxito que consigue— puede organizarse de manera compleja e indefinida, y puede sacarse la impresión de que el azar entra en las configuraciones y que, a pesar de todo, estos elementos son retenidos si no se prueban manifiestamente nocivos, como en tantas tradiciones culturales humanas. También se puede pensar que en la estructura de decisión entran elementos que no podían ser explícitos *a priori* (¿yacerá aquí nuestra pretendida libertad individual?).

Se puede pensar que la supervivencia —o el despertar cierta actividad, en su caso— puede decidirse en función de la correspondencia o falta de correspondencia entre un esquema interno muy complejo, y otro esquema, también complicado, de percepciones sensoriales, en el que más importante que un estímulo determinado es un conjunto aproximadamente equivalente de ellos. Sabemos que la migración de los animales depende de percepciones complejas en las que entran, alternativamente y según las circunstancias del momento, el reconocimiento de la configuración geográfica, de la polarización de la luz del cielo, del cielo estrellado, del magnetismo, sin olvidar el viento, o estímulos químicos como los olores. Se trata de conseguir un *pattern matching* entre una representación interna y la complejidad del mundo externo, apreciada más o menos parcialmente. Evidentemente, semejantes disquisiciones pueden hacerse en relación con el reconocimiento de individuos de otro sexo, o con el reconocimiento de la pareja, o con el reconocimiento de la jerarquía social del individuo con que uno se encuentra o, en su caso, con el reconocimiento de la madre, o con la percepción de una obra de arte como tal. Y los organismos reflexivos podemos hacer trampa, decir a nuestros semejantes que respondemos a cierta configuración de estímulos que no son aquéllos en lo que realmente basamos una decisión, y que creemos inconfesables. A este nivel de selección, la decisión se caracteriza porque el número de alternativas viables es mucho menor que el número de configuraciones posibles sobre las que debe basarse el proceso de decisión. Y es probablemente por lo que se dice que la selección natural puede extraer «orden» del «caos».

Evidentemente, la abstracción en una respuesta simple de las sensaciones, que produce una configuración complicada, tiene mucho en común con la percepción y la comunicabilidad artística. ¿Hay naturalistas que se interesen por la expresión del arte humano y sean incapaces de valorar —también como obras de arte— las producciones naturales?

Cuando nos fijamos en organismos capaces de una cultura, principalmente en el hombre, si la supervivencia está asegurada por otro lado, lo que perdura es el proceso de decisión. Pierde importancia su relación con la eficiencia y la selección entendida al modo clásico. Entonces, podemos recurrir a las suposiciones, a todas las formas de adivinación o, simplemente, a echar una moneda a cara o cruz. No es de extrañarse que la democracia se preocupe más en complicar las estructuras de decisión que en aumentar realmente las alternativas de acción posibles. A mí me parece lamentable.

Los ritmos endógenos pueden garantizar la supervivencia de una especie cuando permiten anticiparse a acontecimientos futuros, como en el caso de las migraciones verticales de algunas algas y animalitos que viven en el sedimento de las playas fangosas sometidas a mareas. La sincronización en la buena disposición para la reproducción de todos los individuos de una población puede ser necesaria a su supervivencia, y la selección conduce a la sincronía a través de ritmos internos o a la dependencia de marcadores de ritmo externo —como la luna— que no tienen una influencia más directa. Variadas creencias y utopías tienen el significado de referencias en relación con las cuales poner en marcha mecanismos de *feed-back* en la sociedad humana. Lo mismo ocurre con la elección de la pareja, y no sólo en el hombre. Generalmente, no se trata sólo de que el primero que se encuentra sea el primero servido; por razones históricas, culturales y aun de otro tipo, se ha podido crear cierto ideal sobre el que opera el mismo principio del *pattern matching*, es decir, voluntaria o inconscientemente, se da más peso a unas características que a otras, y esto puede guiar la evolución. Por lo menos se puede pensar que la supervivencia se asocia pronto con el *pattern* elegido como ideal. O, si no, la especie se extinge. La evolución afecta también a todas las configuraciones con referencia a las cuales se toman las decisiones, y esto parece obvio en los ejemplos más complicados de coevolución, especialmente cuando afectan, como miembros del consorcio que evoluciona, a especies capaces de aprender y desarrollar lo que, con permiso de los humanistas, puede llamarse una cultura. Forma parte de las atribuciones de ésta el dar sentido a configuraciones que no lo tenían.

En resumen, tenemos una degradación continua de formas de selección, desde una selección brutal en sistemas de mucha energía, con procesos de organización que se pueden describir hasta un nivel avanzado de un modo científico sencillo, hasta esas formas tan complicadas de decisión en las que la supervivencia se asocia a ciertas formas de comportamiento. Creemos que todo es resultado de la selección natural; pero es difícil de reconocerla entre el follaje, los arabescos y los angelitos del cuadro. Sin embargo, en todos los casos, hay que reconocer la continua conversión de energía en información, y la imposibilidad de congelar una misma combinación de relaciones de forma que dure para muchos ciclos sucesivos del ecosistema. Personalmente, creo que el concepto de estrategia evolutivamente estable (10) ha sido útil en el análisis de las complicadas interacciones entre especies e individuos, pero no lo acepto de manera absoluta, y veo en él una contradicción de términos, algo así como el nombre del Partido Revolucionario Institucionalizado.

Tampoco pueden ser estacionarios los sistemas económicos, porque sus transacciones se realizan por individuos que cambian su comportamiento al ser más experimentados, o al envejecer. Todo esto es tan general que uno llega a preguntarse si es posible una lógica, porque, por descarnados que sean los símbolos que se utilicen al principio, van adquiriendo o alterando su significado con las manipulaciones, como hacemos todos nosotros al seguir empleando las mismas palabras o al revivir lo que creemos son memorias de antiguas creencias. Recuérdese que nos movemos aquí en un dominio de poca energía, donde se puede pensar que se trabaja con información pura, lo cual, por otra parte, es imposible. En otras palabras, el espectro asociado al funcionamiento de los sistemas biológicos se extiende entre un predominio de procesos altamente energéticos y un terreno de menos energía donde predomina la acumulación de información hasta el límite de la disgregación. Hay que repetir que se trata de un dominio continuo, con muchas características comunes, y no de demarcaciones distintas. Se puede entender, por tanto, que la irreversibilidad que se atribuye a veces a la evolución no es simple cuestión de la poca probabilidad de recorrer en sentido inverso un camino complicado, sino que es algo más profundo que ir asociado, de paso, al terreno de poca energía.

Hace muchos años que la noción de sistema ha estado vigente en ecología y ha servido de estímulo a muchos ejercicios de simulación que, algunas veces, han contribuido a clarificar las ideas. Creo que esta simulación puede reemprenderse a un nivel superior, que incluya ciertas formas de evolución creo de los propios sistemas. Estas apenas serían programables con precisión, porque, en sus líneas generales, dependerían de características termodinámi-

138

cas de las situaciones alcanzadas que, de una manera específica, reflejarían posibilidades de reacción que vemos como inesperadas. Veo aquí una conexión muy estrecha con los problemas de la «inteligencia artificial» que merecería la pena explorar de más cerca. Nos hace falta una «conversión», en el sentido de renovar nuestra ciencia, seleccionando paso a paso configuraciones nuevas de los infinitos estímulos que nos vienen del exterior, distintas de las que han estado de moda estos últimos años.

Referencias

1. Darwin, Ch., 1897, *The origin of especies by means of natural selection*, 7ª ed., John Murray, Londres, 432 págs.
2. Dawkins, R., 1978, *The selfish gene*, Oxford University Press, Nueva York y Oxford, 224 págs.
3. Dunbar, M.J., 1972, «The Ecosystem as a Unit of Natural Selection», *Trans Conn. Acad. Arts. Cienc.* 44, págs. 114-130.
4. Hamilton, W.D., 1964, «The Genetical Evolution of Social Behaviour», *J. theoret. Biol.* 7, págs. 1-32.
5. Hamilton, W.D., 1967 «Extraordinary Sex Ratios», «Science» 156, págs. 477-488.
6. Lamarck, J,-B. Monet de, 1809, *Philosophie zoologique*.
7. Margalef R., 1980, *La biosfera entre la termodinámica y el juego*, Ediciones Omega, Barcelona, 236 págs.
8. Margalef R., 1985, «From Hydrodynamic Processes to Structure (Information) and from Information to Process», *Can. Bull. Fish. Acust. Sci.* 213, págs. 200-220.
9. Margalef R., (en prensa), *Segundo Congreso de Teoría y Metodología de las ciencias*, Sociedad Asturiana de Filosofía, Oviedo.
10. Maynard-Smith., J. & Prince, G.R., 1973, «The logic of Animal conflicts», «Nature» 246, págs. 15-18.
11. Maynard-Smith., -J. 1974, «The Theory of Games and the Evolution of Animal Conflicts», *J. Theoret. Biol* 47, págs. 209-221.
12. Popper, K.R. 1982, *The open Universe. An Argument for Indeterminism*, Hutchinson, Londres, etc., 185 págs.
13. Van Valen, -L., 1973, «A new Evolutionary Law», *Evol. Theory*, 1, págs. 1-30.

14. Weisman, A., 1913, *Vorträge über Deszendenztheorie*, 3ª ed.
Gustav Fischer, Jena, 342 + 354 págs.
15. Wilson, D.S., 1980, *The Natural Selection of Populations and Communities*, The Benjamin Cummings Publ. Co., Menlo Park, Cal., 186 págs.

Jorge Wagensberg: Sé muy bien que un acuerdo no es tan fértil como un desacuerdo a la hora de estimular el diálogo, pero quiero dejar constancia de mi simpatía por dos ideas insinuadas por el profesor Margalef. En primer lugar: una ley natural es más una prohibición a cierto conjunto de sucesos que la obligación determinante de uno de ellos. Firmo con fuerza esta idea. En el lenguaje utilizado ayer por el profesor Thom, yo diría que una ley de la naturaleza es la expresión de que cierto dominio de las trayectorias virtuales no se proyecten en el espacio de la realidad. Con esta idea, el sentido de la evolución no es menos reconfortante para mí: evolucionar es recorrer un laberinto respetando ciertas señales de prohibido el paso. Las leyes ni se obedecen ni se violan; en todo caso, se burlan. Me siento a gusto con esta visión del mundo y hay que destacar lo bien que esta concepción de la ley se generaliza incluso para otras formas o áreas de conocimiento. No hablemos, pues, de la física (donde la célebre segunda ley de la termodinámica, por ejemplo, es también perfectamente formulable como un principio de imposibilidad), sino de ética o de derecho. En tales disciplinas se recomienda lo que no debe hacerse, no lo que debe hacerse. Lo imprescindible para jugar al ajedrez es conocer los movimientos prohibidos, jugar bien es ya cuestión de elegir entre los permitidos. Ley y libertad son así perfectamente compatibles. Otra cuestión sobre la que había reflexionado largamente y que me ha alegrado oír mencionar es la concepción del arte como una forma de conocimiento basada en lo que el Dr. Margalef ha llamado el *pattern matching* y que prefiero nombrar como «el principio de comunicabilidad de las complejidades inteligibles».

Rolf Tarrach: Permítame hacer la pregunta en una forma especial. Consideremos el día en que el Dr. Wagensberg fue a proponerle venir a esta reunión. En aquel momento, su cerebro estaba en un estado bien definido (que podemos imaginar descrito con la máxima precisión de nuestra ciencia actual). La propuesta le llegó en forma de onda electromagnética y su respuesta fue afirmativa. Mi pregunta es la siguiente: dado el estado de su cerebro y la pregunta de Jorge, ¿cree usted que podría haber contestado negativamente?

Ramón Margalef: No me interesa la cuestión. Entre otras cosas, no puedo concebir que mi cerebro estuviera en un estado prácticamente definible en «nuestra ciencia actual».

Josep Mª Parra: He disfrutado mucho con esta conferencia del Dr. Margalef. En particular, me ha interesado la concepción de la libertad como la capacidad de elegir el *pattern* de decisión. En nuestro caso, esto se concreta en la elección de los valores que han de inspirar el crecimiento y desarrollo de la sociedad humana. Ayer ya quedó claro que nuestra contribución en la elección del *pattern* será tanto mayor cuanto mejor informados estemos sobre nuestro entorno. Ahora bien, pensemos en primer lugar en el sistema democrático (el menos malo para decidir el futuro de la humanidad). Veo, con un poco de inquietud, que este sistema no suele ofrecer esta posibilidad de conocimiento a todas las individualidades, por lo que los individuos no pueden tener la correspondiente capacidad de decisión. La mayoría de las decisiones importantes se sustraen a la decisión colectiva y se toman incluso de forma unipersonal. La declaración de un estado de guerra en los EE.UU., por ejemplo, corresponde sobre todo al Presidente, en menor medida al Congreso y mucho menos, evidentemente, a los ciudadanos. Y en segundo lugar, estoy de acuerdo en que la selección natural opera de una manera brutal en los sistemas de alta energía. La especie humana está precisamente en un estado de altísima energía acumulada. La responsabilidad (compartida, claro) de los científicos en este aspecto es evidente porque los poderes máximos de decisión se ejercen precisamente en virtud de esta energía. Me inquieta también, pues, el carácter irreversible de esta evolución, la imposibilidad que ha mencionado de una vuelta atrás...

Ramón Margalef: Son dos cuestiones muy distintas, sí. Empecemos con la libertad dentro de la organización de la sociedad. Es evidente que la sociedad nos suministra mucha información, pero se trata, muchas veces, de una información ficticia. El número de diarios que consume un individuo, incluso el de libros que se leen, no es un dato significativo para precisar la racionalidad de su funcionamiento. Incluso los universitarios sabemos lo difícil

142

que es moverse por la cantidad de papeles que hay que rellenar cada dos por tres; ante cualquier decisión nos asalta la duda: ¿seguro que no hay una comisión que debería reunirse antes? La excesiva complicación acaba por paralizar las cosas. En los ecosistemas naturales ocurre exactamente lo mismo. Los muy complejos, aquéllos que tienen demasiados organismos, apenas pueden pasar a situaciones realmente nuevas. Quizás haya escrito esta conferencia en un momento de asqueo burocrático, pero creo que el equilibrio debe establecerse entre la información real disponible en el sistema y la complejidad de su entorno. En la tabla a dos columnas que presentó ayer el Dr. Thom, yo propondría también dos conceptos enfrentados. En la columna de la izquierda (conceptos positivos) figuraría «La creación de un servicio» y en la de la derecha (conceptos negativos) aparecería «el desarrollo de una burocracia». Un servicio engendra una burocracia, pero la burocracia engendrada acaba por no hacer más que mantenerse a sí misma. Es un proceso natural. Pero para mí es muy importante ser consciente de ello, porque conocer este problema me permitirá superarlo. En otras palabras, creo que podemos encontrar procedimientos y organizaciones que ofrezcan garantías de supervivencia para la sociedad, que no limiten el número de opciones individuales y que no representen un esquema de ligaduras tan extenso.

La segunda cuestión es distinta, pero entra también en un esquema ecológico. La irreversibilidad o la posibilidad creciente de utilizar esa energía que llamamos exometabólica, esto es, energía que no fluye a través de los alimentos. Está claro que el hombre utiliza cada vez más esta forma de energía y el riesgo está en los «multiplicadores de energía» que se ha construido. Un tractor es un ejemplo sencillo de multiplicador: la energía muscular pone en funcionamiento un flujo de energía fósil (el gasoil) para mover y remover la tierra, con lo que, a su vez, construye un canal o una presa, lo cual, también a su vez, supone la desviación de otra energía externa (la lluvia), etc.. Con la misma construcción fundamental llegamos, con cuatro o cinco pasos, a la temida bomba atómica, un problema que subyacía, creo, en su pregunta. El cálculo del poder multiplicador de cada paso es un tema interesante para los físicos.

Jesús Mosterín: He encontrado muchos puntos estimulantes en la exposición del Dr. Margalef, al que tengo por un verdadero filósofo de la naturaleza. Me concentraré en uno de ellos. Nos ha dicho, por un lado, que cada vez que ocurre una transacción de energía (creo que éste ha sido el término empleado) de algún modo ocurre un incremento del orden, de la estructuración, de la complejidad, y que tal cambio de energía es una especie de precio que se paga para que aumente la información. Pero, por otro lado, todo cambio significa un aumento de entropía, el estado después del cambio energético es más probable que el anterior cambio. Ya sé que el Dr. Margalef no lleva demasiado lejos la idea de la información expresada como el logaritmo de la inversa de la probabilidad, pero, según esto, los estados finales, más entrópicos, contendrían una menor información global. Yo le preguntaría al Dr. Margalef: ¿cómo casar estas dos intuiciones: la que usted tiene (evidentemente muy apoyada en un sinfín de hechos) y la que ofrecen los termodinámicos (aquí hay muchos) en el sentido opuesto?

Ramón Margalef: Bien, no voy a contestar esta pregunta en términos formales porque el biólogo (o el ecólogo) se mueve solicitado por las imágenes y por el contacto directo con el entorno. La degradación de la energía en sistemas naturales acompaña a un enriquecimiento de estructuras indiferentes, pero que puede considerarse que encierran mucha información. El problema es si un nuevo pulso de energía puede borrar esta información. Creo que sólo parcialmente y que siempre se proyecta alguna información, un vestigio de lo ocurrido, a través del sistema de perturbaciones y hacia el futuro. En otras palabras, creo que no se puede borrar totalmente la historia.

Puedo proponer una ilustración que corresponde a un caso muy típico. Es el de todos aquellos sistemas que son comparables al Juego de la Oca, es decir, aquellos sistemas que siguen un desarrollo determinado hasta que caen en un agujero y tienen que volver a empezar. Ya sabemos, por ejemplo, que el bosque se quema de vez en cuando, tras lo cual vuelve a empezar. La evolución de las especies de un sistema de bosques que se queman ora aquí, ora allá, depende de unos mecanismos de selección que, creo, pueden generalizarse a otros niveles más amplios de perturbación. Los naturalistas estamos de acuerdo en la capacidad de destrucción de los cataclismos naturales en la tierra. El choque (hace decenas de millones de años) de planetoides contra la tierra destruyó gran cantidad de información durante la tran-

144

sición del mesozoico al terciario, qué duda cabe, pero ello contribuyó probablemente a limpiar el terreno para facilitar la evolución de los mamíferos. Los mamíferos sustituyeron a los dinosaurios, pero acumulando cierta «experiencia» de la vida para construir cosas. Existe un interesante espectro en la frecuencia de los distintos cataclismos. El día y la noche representan realmente algo traumático para muchos organismos; lo mismo ocurre con las estaciones, con los períodos de sequía, con las glaciaciones, con las colisiones de planetoides... y así sucesivamente. Por este camino llegamos a una buena pregunta para los cosmólogos. ¿No será la historia de este universo el acontecimiento unidad que comienza en nuestro espectro de perturbaciones? Independientemente de una definición probabilística de la entropía, no veo justificación para una teoría que nos presente una especie de gas uniformemente distribuido como el universo más probable. Las cosas, tal como las vemos, parecen ir decididamente en otro sentido; lo más probable es tener una extraordinaria complicación de detalle. Aquí hay ciertamente algo muy profundo, pero muchas de las aparentes discrepancias vienen a veces del hecho de emplear palabras altisonantes cuyo valor semántico tiene problemas.

Jorge Wagensberg: Un brevísimo inciso. La tendencia a la desorganización, a la entropía o probabilidad creciente que anuncia la termodinámica, se refiere sólo a sistemas totalmente *aislados* de su entorno. Un sistema capaz de intercambiar algo con su entorno (¡cualquier sistema vivo!) tiene su oportunidad para buscar estados menos probables. Hablar de discrepancias en este caso es, efectivamente, un abuso de los conceptos de la física.

Jesús Mosterín: Una pregunta sobre un tema distinto. El Dr. Margalef ha dado, hace unos momentos, una respuesta un tanto expeditiva a Rolf Tarrach y, con perdón de Rolf, me parece que, en cierto modo, ha sido una buena respuesta. Permítaseme una interpretación. Aquí estamos empleando el término libertad con cierta frecuencia, se ha hablado incluso de la libertad del electrón. También en este caso existe un riesgo de confusión. Una cosa es la libertad en la, digamos, esfera política, y otra la libertad cuando se habla de física o de determinismo. De hecho, nosotros nos encontramos con el *factum* de que, en un momento dado, tenemos ciertas voliciones. Por ejemplo, cuando «Jorge preguntó a Margalef si quería asistir al encuentro y dado el estado de su cerebro, etc.» habría el *factum* de que el Dr. Margalef quería efectivamente asistir. Entonces, dado que sí deseaba asistir, el problema de la libertad política (humana o como se la quiera llamar) se plantea en si realmente «podría» o no asistir. Y el Dr. Margalef, que «quería» asistir, además «ha podido» asistir, es decir, ha disfrutado de la libertad de asistir. En muchas ocasiones tenemos voliciones de ciertas cosas, pero el contexto social nos impide hacerlas. Es cuando decimos que no tenemos libertad para hacer aquello que queremos. Este es, creo, el problema político de la libertad. Pero otra cosa muy distinta es la cuestión de si nuestras voliciones están o no determinadas por cierta función de varias (muchas) variables. El dilema en este caso es: fijados los argumentos de todas las variables, ¿se obtiene una volición determinada? ¿o bien son nuestras voliciones el resultado de un mecanismo estocástico? Dicho de otra manera, el dilema está en saber a qué se parece más nuestro cerebro, a un computador que en cada momento calcula dicha función, o a una especie de ruleta. En todo caso, yo no entiendo por qué habríamos de ser más libres en el caso de la ruleta que en el caso del computador. Nosotros, por introspección, podemos comprobar que tenemos ciertas voliciones: éste es el *factum*. Nosotros nos sentimos más o menos libres en la medida en que podemos o no podemos realizar tales voliciones, y no en la medida en que sentimos que tales voliciones están determinadas o son al azar...

(En este preciso instante se interrumpe momentáneamente el servicio de megafonía y una cinta del decorado se desprende del techo.)

Jesús Mosterín (continúa)... Things happen, como decía el profesor Landsberg. Yo le quería preguntar al Dr. Margalef si pensaba algo así cuando ha contestado tan escuetamente a Rolf.

Ramón Margalef: Bueno, ya veo que quieres que me confiese. No creo necesario apelar a la ruleta, dado el inmenso número de estímulos que recibimos, nuestra enorme capacidad para recogerlos y el peso específico de cada uno de estos estímulos (que en general no son muy distintos, pero sí lo fueron en este caso). También diré otra cosa que se refiere a la experiencia de la vida práctica. En ocasiones no podemos hacer algo y creemos que ejercer la libertad consiste en emperrarse en ese algo, es decir, dedicar el tiempo a lamentarnos por *no* poder hacer tal cosa en lugar de emplearlo en *sí* hacer tal otra, esto es, rodear la imposibilidad para abordar la siguiente posibilidad de la lista. La libertad es una sensación que depende de cada individuo y puede consistir también en la capacidad de no hacer absolutamente nada. Yo siempre he tenido la sensación de hacer lo que me ha apetecido, aunque rodeado de una gran cantidad de obstáculos.

Evry Schatzman: Durante los últimos años me he interesado por el problema de la inteligencia extraterrestre y, en conexión con ella, me he encontrado a menudo con el así llamado *principio de convergencia*. En virtud de este conocido principio se describe como diferentes especies llegan, por diferentes caminos, a una misma solución. Piénsese por ejemplo en las técnicas de vuelo, en la forma óptima para nadar, o en el caso más notable de convergencia: el ojo (del que se han desarrollado unas quince clases distintas). Ahora bien, este principio de convergencia se ha extrapolado para afirmar que, tras la aparición de la inteligencia, la tendencia es que se evolucione hacia una civilización altamente tecnificada. Los expertos nos aseguran, por otro lado, que la edad de la civilización es muchísimo mayor que 10.000 años. Además, no se ha detectado el menor rastro de inteligencia extraterrestre. En tal caso, el principio de convergencia implicaría que las civilizaciones son autodestructivas, lo cual abre una interesante posibilidad para la nuestra.

Ramón Margalef: Es una consideración muy difícil de comentar. Y comentarla es también en este caso una especie de confesión. Creo en la posibilidad de otros organismos inteligentes por una razón muy simple relacionada con la interacción entre especies. En todo sistema hay una cadena de depredadores y presas, la evolución es diferente para cada pareja de especies. La especie que está debajo, la presa, evoluciona desarrollando propiedades de uso inmediato (cierto insecto que adopta tal color, etc.), mientras que la otra, la que está encima, lo que desarrolla es la capacidad de aprender. Esta es la diferencia; las especies del nivel trófico inferior suelen ser de pequeño tamaño y de corta vida, y no llegan a aprender porque están poco tiempo en su entorno, que cambia poco, mientras que las superiores son grandes, viven más y aprenden. Esta idea puede ampliarse y complicarse para explicar cómo obtener una capacidad para desarrollar tremendas posibilidades de aprendizaje a partir de la interacción de especies. Y en la cima de las especies, o para especies inmersas en elecciones complicadas con las otras y consigo misma, significa «aprender a aprender». Así es que, si hay vida en otro lugar, lo más probable es que no adopte la forma de una película uniforme cubriendo cierto planeta, sino que (al igual que ocurre aquí) será una vida a base de organismos separados y en interacción. Y, en tal caso, creo que deben desarrollarse seres con un alto nivel de conciencia y de reflexión. Serían especies de humanoides. Este es mi punto de vista, aunque la obligada cuarentena del espacio y del tiempo probablemente nos impedirá conectar con ellos.

Evry Schatzman: Me gustaría que se refiriera usted al aspecto de mi pregunta relacionado con el *principio de convergencia*, según el cual existe cierto determinismo en la evolución que hace que la naturaleza adopte finalmente soluciones técnicas para los problemas que plantea la supervivencia.

Ramón Margalef: Sí, quizás exista algún determinismo de esta clase. A mis amigos humanistas suelo decirles bromeando que todo aquello que es trascendente para la supervivencia se confía al sistema genético, mientras que la cultura es una guinda especial que se pone para rematar la tarta. La cultura afecta a una serie de sistemas de baja energía que producen una cantidad enorme de posibilidades. Es una broma, pero no estoy demasiado lejos de esta idea. El aspecto cultural es muy importante para mí, es el substrato de nuestra vida. El determinismo al que se refiere usted tiene más que ver, creo, con el aspecto genético.

Joan Armengol: Querría referirme a esos sistemas cerrados que produce la evolución, mencionados por el Dr. Margalef, sistemas que perviven para autodefenderse, que tienen existencia por y para sí mismos y que no producen nada. Yo también me quejo del papeleo y de la burocracia, pero pienso que tales cosas tienen también una contrapartida de interés. Creo que este tipo de mecanismos, que nos parecen tan engorrosos, nos protegen también contra el peligro de la liberación brusca o violenta de la energía acumulada. Y en una sociedad de alta energía como la nuestra ello supone efectivamente una autodefensa. Las comisiones, comités, etc., salvaguardan actos irreflexivos de destrucción. También tienen pues un aspecto positivo.

Ramón Margalef: Evidentemente. En el desarrollo de la vida sobre la tierra, ha habido períodos de alteración y períodos de estabilidad. Durante los períodos de estabilidad la vida se diversifica mucho, pero no se hacen inventos nuevos. Mirando hacia atrás nos parece perfecto que los mamíferos sustituyeran a los dinosaurios y nos congratulamos de poseer una estructura de mamífero y no de dinosaurio. Ahora la estabilización de la civilización humana, al hacer más complicado el sistema de decisión, nos parece una garantía de supervivencia. Y sí, estoy de acuerdo: el hecho de que, en lugar de pulsar un sólo botón para iniciar un desastre, se necesita pulsar una docena de botones dispersos (que además deben interaccionar de una manera compleja), supone una defensa de esta estabilidad.

Josep Mª Valderas: El profesor Margalef ha apelado a razones termodinámicas para romper la circularidad del principio de selección natural. Esto es, selección y adaptación se consuman con la entrada de algo del exterior. Pero ¿cómo se mantiene la estasis que precede a un episodio de la evolución? ¿Cómo se almacenan mutaciones neutras hasta que una información externa fuerte provoca una transformación radical? Y en segundo lugar, ¿cómo compaginar este indeterminismo de la evolución con la tendencia determinista del lamarckismo?

Ramón Margalef: Bien, la primera cuestión daría mucho que hablar. Trataré de expresar mi punto de vista sobre la evolución puntual y la estasis con palabras sencillas. La velocidad potencial de evolución de las especies es mucho mayor que la velocidad realizada en la práctica. Y cuando una especie queda atrapada en un dominio de poca energía, no puede evolucionar rápidamente, porque cualquier cambio demasiado grave es sistemáticamente negativo. En cambio, una especie ocupando un nuevo espacio consigue llevar adelante una fracción de sus tantos evolutivos. En cuanto a la segunda cuestión, creo que un mecanismo que ya se ha desarrollado tiene una capacidad mayor para seguir desarrollándose, para complicar sus opciones sobre una constelación inmensa de características. Por ejemplo, si un organismo ha desarrollado con mucho éxito la capacidad de analizar sonidos, entonces puede utilizar de manera muy eficaz todos los ruidos naturales para orientarse y moverse en el espacio, sin necesidad de recurrir a la facultad de la vista. En este sentido, decía que hay algo en la historia anterior de todo sistema que predispone a cierta utilización, a un nuevo *pattern matching*.

Carles Ulisses Moulines: Me parece que el profesor Margalef tiende a eludir la cuestión del determinismo y del indeterminismo. Quisiera presionarle aún un poco sobre este punto. Si no he entendido mal, usted habla de un indeterminismo práctico propio del biólogo cuando trata de explicar las mutaciones tanto a nivel individual como de ecosistemas. Este indeterminismo práctico no sería, parece, la última palabra, sino que en el fondo se trataría de integrarlo en una concepción más general. Y tal concepción general sería ya más determinista que indeterminista y en ella la decisión jugaría un papel importante. Si esta interpretación es correcta, veo, todavía, un problema. Y el problema no es sólo metafísico o de elucubración, sino metodológico, porque, al introducir el concepto de decisión, nos vemos obligados a recurrir al concepto de probabilidad subjetiva. Al menos, que yo sepa, no hay otra forma de tratar científicamente este concepto, y así lo hacen las teorías modernas de decisión. Por lo tanto, si en la explicación de los fenómenos biológicos se introduce a todos los niveles el concepto de decisión, entonces, en mi opinión, lo que se introduce no es un determinismo práctico, sino un indeterminismo fundamental con el que hay que comprometerse y del que no es lícito evadirse.

Ramón Margalef: Contestaré francamente. Quizá se me escape un poco el problema del determinismo y del indeterminismo, pero no es que rechace un compromiso. Suelo decirlo con mucha frecuencia en la vida cotidiana universitaria: me siento comprometido, pero sólo con mis propias ideas, no necesariamente con la idea del que me la quiere vender, ¿no? Y, en este sentido, empezaré diciendo que considero que la discusión entre el determinismo y el indeterminismo es en gran parte una especie de artefacto cultural. Pero, puesto a dar una referencia conocida, diré que me parece aceptable la posición de Popper en su *Universo abierto*. En este tema no hay que olvidar algo que debe ser axiomático en la teoría de sistemas y es que una parte del sistema no puede comprender el sistema total sin dejar algún residuo. Así que sigo en mi posición pragmática: aquí y en las inmediaciones de mi entorno, puedo comportarme como determinista en muchas cosas, pero, en otras, muchos dirán que exhibo cierta afinidad con el indeterminismo. Y si intento profundizar para ofrecerme cierta lógica de uso personal, siempre termino de la misma manera: en este mundo (que es tan grande) siempre habrá algo que, para mí, será indeterminado. Creo que no he eludido la cuestión, aunque he empezado diciendo que creo que se trata de un artefacto cultural.

Josep M. Parra: Sólo querría dejar constancia de mi preferencia con respecto a las dos alternativas propuestas por el Dr. Mosterín sobre la libertad basada en un cerebro-computadora o en un cerebro-ruleta. La situación que yo elegiría como significativa de la libertad es la del cerebro-ruleta y para ello me baso en la concepción clásica del *Weltanschaung* que puedo elaborar como programador de este ordenador. Ello presupone que puedo acceder a una buena «biblioteca» de información; la sensación de indeterminismo surge quizás de aquellas situaciones en las que no sabemos qué hacer, es decir, situaciones en las que nos falta información para decidir en favor de nuestros intereses. La alternativa del cerebro-ruleta corresponde precisamente a la falsa libertad del oprimido.

Joan Badal: Querría hacer un breve comentario sobre el preámbulo que ha hecho el Dr. Wagensberg comparando la concepción de la ley en ciencia con la idea homóloga en el derecho y en la ética. Estoy de acuerdo en que en Derecho la ley también tiene un sentido de limitación. La base del Derecho es «si haces tal cosa...sanción», y de aquí surgen luego, por progresiva complicación, las figuras y las instituciones jurídicas. Pero creo que hay una diferencia importante en el campo de la moral que yo enunciaría como «la ambición ética» frente a «la limitación jurídica». El Derecho no es moral. La ética es una creación que requiere una imaginación comparable a la de un artista delante de una tela en blanco.

Lluís Racionero: Profesor Margalef, ¿cree que la ecología puede darnos pautas para la organización política de la sociedad? En una ocasión quise aplicar criterios ecológicos para convencer acerca de la inconveniencia de una sociedad uniforme, de baja diversidad; y alguien me interpeló con la pregunta: «¿Así cree usted que un bosque de pinos es fascista?». La afición del general Franco por plantar bosques de pinos no deja de ser curiosa, aunque hay quien dice que era porque las guerrillas se ocultaban con mayor dificultad en los pinares que en los bosques tradicionales ibéricos de encinas. Bien, mi pregunta es si la ecología puede sugerir orientaciones sociales o políticas; por ejemplo, una nación o país ¿es mejor que sea grande o pequeño, autárquico o bien abierto, organizado en comarcas o en regiones, ...?

Ramón Margalef: El tema de las comarcas y regiones equivale al de las especies y subespecies. Hablando en serio, yo no diría que la ecología puede sugerir una organización política; pero sí, quizá, proporcionar algunos consejos para la organización administrativa, entendida como una base para una mayor eficacia en el país. Uno de los temas a los que me gusta dar bastantes vueltas es el de la relación entre la energía de la que dispone un país (energía externa o exosomática) y el grado de organización que alcanza. Para decirlo brevemente, el dilema está entre los dos *slogans*: *Small is beautiful* y *Big is powerful*. Un país que prevee una disminución de energía debe intentar huir de la macrocefalía. La incidencia política es inevitable, claro. Por ejemplo, la evolución de la población en Cataluña se redistribuyó de una manera complicada, pero parece claro que la tasa de aumento de la población es mucho mayor allí donde aquélla ya es de por sí más alta; la razón es fundamentalmente energética: la gran ciudad es la base del poder político, por lo que, de una manera indirecta, atrae una mayor cantidad de energía, dando lugar a una especie de tumor que crece más allá de lo que podría o debería esperarse. He aquí un caso en el que la ecología sirve, al menos para llamar la atención sobre un determinante político, y este aspecto, si sus efectos se juzgan indeseables, puede ser corregido.

Ilya Prigogine, *nacido en Moscú en 1917, es profesor de la Universidad Libre de Bruselas y del Institut of Statistical Mechanics de Austin (Texas). En 1977 fue galardonado con el Premio Nobel de Química por sus contribuciones a la termodinámica del no equilibrio y, en especial, por la descripción de las estructuras disipativas.*

Enfrentándose con lo irracional
Ilya Prigogine

Para Salvador Dalí

1. Irracionalidad y predicibilidad

Como se habrán dado cuenta, este título es una transposición libre de uno de los más famosos títulos de Dalí: *La conquista de lo irracional* (1).

En efecto, mi conferencia tratará dos puntos que constituyen el núcleo de la creación daliniana. El primero es la relación entre el espacio y el tiempo, y, más exactamente, lo que podríamos llamar la «temporalización del espacio». El segundo es la cuestión del pluralismo en nuestra descripción del Universo.

Estos dos puntos son dos de los aspectos concretos de los que Dalí se ocupa en sus escritos y pinturas. Pero, ¿qué es irracional? Para empezar, recordemos a Werner Heisenberg. Paseando un día cerca del castillo de Krongberg, Niels Bohr, que le acompañaba, le dijo: «¿No es estraño ver cómo cambia este castillo cuando se imagina uno que Hamlet vivió en él? Como científicos creemos que un castillo está formado sólo por piedras y admiramos la forma en que el arquitecto las compuso. Las piedras, el techo verde de pátina, las tallas de la iglesia, forman el conjunto del castillo. Nada debería cambiar por el hecho de que Hamlet viviera en él, pero, de hecho, cambia completamente. Inesperadamente, las paredes y las murallas hablan un lenguaje diferente. El patio se transforma en todo un mundo, un rincón oscuro nos recuerda la oscuridad del alma... Oímos las palabras de Hamlet: *to be or not to be*. Sin embargo, todo lo que sabemos realmente de Hamlet es que su nombre aparece en una crónica del siglo XIII. Nadie puede probar que viviera aquí realmente. Pero todo el mundo conoce las preguntas que Shakespeare puso en su boca, las profundidades del alma humana que estaba destinada a revelar, y cada uno sabe que, en consecuencia, también él tendría que ocupar un lugar en la Tierra, aquí en Krongberg» (2).

Esta cita saca a relucir una cuestión tan vieja como la humanidad: ¿cuál es el significado de la realidad? Y, muy relacionada con ella, ¿cuál es el significado de la diferencia entre lo racional y lo irracional?

En este punto, topamos inmediatamente con el problema del tiempo. ¿Es el cambio irreversible un atributo de racionalidad o es la expresión de alguna irracionalidad básica? ¿Cómo está relacionada la racionalidad con el problema del cambio?

En primer lugar, recordemos cómo plantea este problema la física clásica. En el contexto del racionalismo occidental, parecería que el objetivo último de la ciencia, considerada a partir de los éxitos de la dinámica newtoniana, fuera exorcizar el tiempo. Sabemos que la formulación de la ciencia moderna realizada por Isaac Newton se hizo bajo el signo de un Dios Todopoderoso, garante supremo de una racionalidad diseñada en un período de monarquía absoluta. Desde este punto de vista, que otorga omnisciencia a un Dios concebido como soberano, el tiempo podría ser tan sólo una ilusión.

En efecto, este objetivo fue fijado desde el alba de la filosofía natural occidental; y más de una vez se consideró casi conseguido: los componentes intemporales del atomismo, el reino eterno de la legalidad newtoniana, el universo estático de la relatividad general, fueron algunos de los intentos más notables por apartar el tiempo del nivel fundamental de descripción.

En realidad, Einstein puede aparecer como la encarnación más lograda de este camino hacia una formulación de la física en la que no se hace referencia alguna a la irreversibilidad. Llegó incluso a acuñar una célebre negación del tiempo, pronunciada con ocasión de la muerte de su amigo Michele Besso: «Michele se me ha adelantado en abandonar este extraño mundo. No tiene importancia. Para nosotros, físicos convencidos, la distinción entre pasado y futuro es una ilusión, aunque tenaz» (3).

De hecho, es bien sabido que Einstein no aceptó del todo las consecuencias de esta negación, tal como se desprende de sus comentarios a K. Gödel, quien sugirió que, en el marco de la relatividad general, podría ser posible que alguien retrocediera a su propio pasado: «Lo esencial es que el hecho de emitir una señal es, en el sentido termodinámico, un proceso irreversible, un proceso relacionado con el aumento de la entropía (mientras que, de acuerdo con nuestros conocimientos actuales, todos los procesos elementales son reversibles)» (4).

La ciencia clásica, ejemplificada por la dinámica newtoniana, describió un universo que, al nivel fundamental, no contenía referencia alguna al «llegar a ser *(becoming)*»: una trayectoria nunca comienza y nunca acaba. Lo mismo siguió siendo válido en la física cuántica: en este caso, es la función de onda la que evoluciona continuamente en el tiempo (si despreciamos los efectos perturbadores del proceso de medida).

¡Qué contraste con el mundo de la música, que nace del silencio y vuelve al silencio, o con cualquier obra de arte, que corresponde a una absoluta novedad! ¿Cómo reconciliar, pues, el mundo de la ciencia con el mundo del arte?

Una respuesta, un tanto caricaturesca, puede encontrarse en el universo formalista y sin obejtivos de Malevich, que estaba en la misma vena que la descripción literaria de microcosmos incorrelacionado de la novela *Watt* de Beckett.

Otra respuesta, en la tradición de Friedrich y Turner, tiende a rehusar cualquier primer plano bien formado: *Picture of nothing and very like* (5). Sabemos que algunos de los pintores más destacados de esta tradición, como Kandinsky o Mondrian, buscaron su verdad en la enseñanza de la teosofía moderna. Exploraron dimensiones de la naturaleza que la ciencia rehusó al principio de nuestro siglo; Pahaut y yo mismo hemos desarrollado ideas parecidas en un breve texto escrito para una exposición montada alrededor del tema «Arte y tiempo» (6).

La respuesta del surrealismo, tal como se expresa enérgicamente en la pintura de Dalí, consistió en trazar figuras bien formadas pero ambigüas, que nos abren el reino de las posibles transformaciones entre objetos verdaderos —no entre objetos virtuales. Este homenaje a la ambigüedad hubo de ser reconocido como una forma más potente de resucitar recursos latentes del «material cultural», a la manera de un «cadáver exquisito» *(cadavre exquis)* (7).

El conflicto entre la ciencia clásica y el arte es claramente expresado por la aproximación surrealista. La ciencia clásica describirá un universo transparente, inequívoco, abierto a la evidencia de las *idées claires et distinctes* avanzadas por Descartes. Por el contrario, el surrealismo, elevado al punto culminante por las pinturas de Dalí, subrayó la opacidad fundamental de la naturaleza, la multiplicidad de significados inherente a nuestra relación con el mundo que nos rodea. Curiosamente, esta característica del surrealismo resucita antiguas prácticas del «barroco». Por ejemplo, muchos objetos precolombinos presentan la misma ambigüedad fundamental: según la manera como se miren, puede descubrirse en ellos una diversidad de significados.

La evolución de la ciencia en las últimas décadas ha creado una nueva situación. El mundo del arte y el mundo de la ciencia ya no están ideológicamente enfrentados. La multiplicidad de significados, la opacidad fundamental del mundo, están reflejadas por nuevos lenguajes y nuevos formalismos. Esta evolución de la ciencia es el tema principal de mi conferencia. No hay ningún concepto que describa más vivamente este cambio dramático que el concepto de tiempo. Debemos empezar otra vez con un conflicto. De hecho, al principio del siglo xx hubo realmente cierto consenso sobre la necesidad de este conflicto.

Grandes pensadores como Einstein, Bergson, Heidegger, a pesar de sus diferencias, compartieron la creencia de que el tiempo como irreversibilidad no es y no puede ser el objeto de la ciencia propiamente dicha.

De hecho, el problema del tiempo nos acompaña desde el alba del pensamiento racionalista, desde los progresos de los filósofos griegos en el campo de los problemas ontológicos. Recordemos que el análisis aristotélico del tiempo introduce la idea de una polaridad radical en el mismo (8). La famosa definición de la *Física* (iv, 219 a-b) es explícita en este punto: el tiempo es algo relacionado con el movimiento, en la perspectiva de lo anterior y de lo posterior. Aristóteles pregunta: ¿de dónde proviene esta perspectiva de lo anterior y de lo posterior? ¿Está inscrita en la naturaleza de las cosas «objetivas», o es una característica del «alma que cuenta»? Este habría de convertirse en un problema de primer orden para los filósofos desde Aristóteles. El tiempo, ¿es sólo una ilusión humana o es una propiedad cósmica? Encontraremos este problema varias veces a lo largo de esta conferencia. Creo que la característica fundamental de nuesta época es la de que estamos, por primera vez en la historia de la ciencia, en una posición que nos permite escoger entre estas dos posibilidades: recientes avances de la física teórica y de la experimental respaldan la conclusión de que el tiempo como irreversibilidad es un ingrediente esencial de la naturaleza.

Hace unos 120 años, en 1865, Clausius formuló la segunda ley de la termodinámica e introdujo una nueva magnitud, la entropía. La propiedad más importante de la entropía radica en que, a consecuencia de procesos irreversibles, «orientados» en el tiem-

158

po, la entropía de nuestro universo (considerado como sistema aislado) va en aumento. Esta fue una afirmación sorprendente en un tiempo dominado por la física clásica: al formularse por primera vez la segunda ley, en el contexto de la ciencia moderna, se introducía la idea de una historia del universo.

Desde Clausius, la física ha de vérselas con dos conceptos de tiempo: el tiempo como repetición y el tiempo como degradación. Pero es obvio que tenemos que superar esta dualidad. Ni la repetición (la negación del tiempo), ni la decadencia (el tiempo entendido como degradación) pueden hacer justicia a la complejidad del mundo físico. Por tanto, tenemos que conseguir un tercer concepto de tiempo que contenga también aspectos positivos y constructivos.

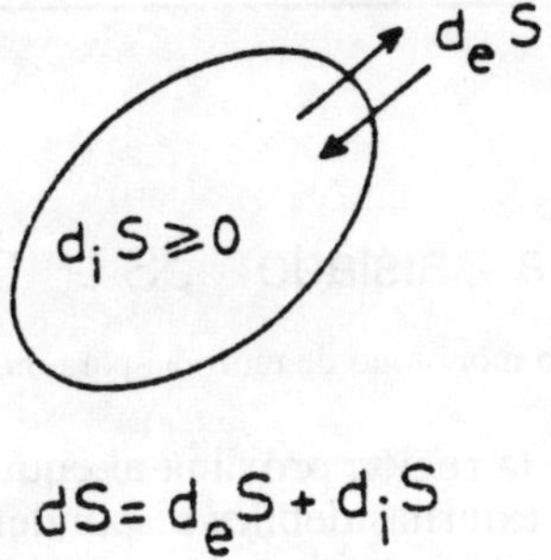

[Fig. 1.1] Variación de entropía para un sistema sometido a ligaduras externas.

Recordemos que pueden distinguirse dos términos aditivos en la variación de la entropía dS [fig. 1.1.]: $d_e S$ y $d_i S$, que son, respectivamente, los intercambios (positivos o negativos) entre el sistema y su entorno, y la producción de entropía (siempre positiva). Para un sistema aislado, $dS=d_i S$ es positiva o nula [fig. 1.2]. Pero ¿qué pasa si el sistema está sujeto a ligaduras externas? Obviamente, cualquier contribución de la termodinámica a una teoría de los sistemas naturales tiene que abordar el caso de sistemas sumergidos en algún entorno.

Los primeros pasos de la termodinámica estuvieron asociados a la consideración de los estados de equilibrio. En un sistema aislado en equilibrio, el tiempo no tiene dirección. Mas tarde, en 1931, Onsager dio las relaciones generales de la termodinámica

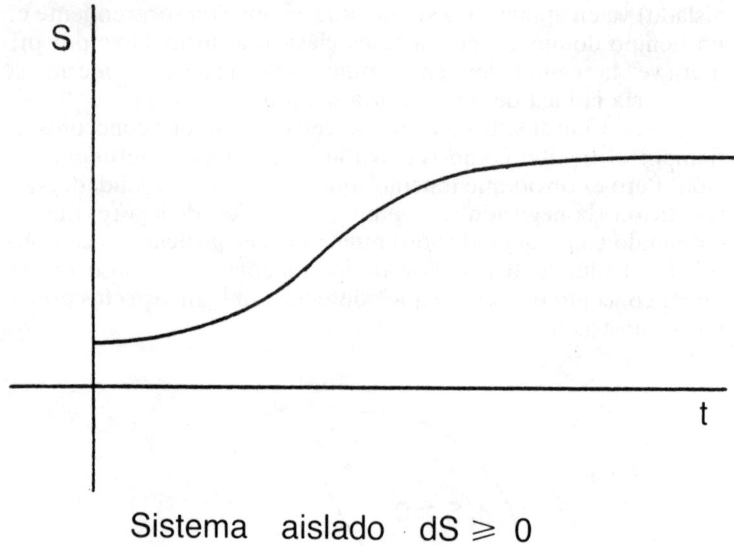

[Fig. 1.2] Aumento monótono de entropía para un sistema aislado.

del no-equilibrio en la región próxima-al-equilibrio: sistemas sometidos a ligaduras externas débiles responden linealmente a estas ligaduras. Estas relaciones lineales y recíprocas entre flujos y fuerzas sugerían que la termodinámica no-lineal era también digna de estudio. Ampliaban la descripción dada para los sistemas en equilibrio, hecha en términos de los potenciales termodinámicos cuyos extremos corresponden a los estados finales, a una nueva descripción de los sistemas en no-equilibrio en términos de una nueva función potencial, la producción de entropía.

En 1945, el teorema de la mínima producción de entropía afirmó que, dentro del dominio del validez de las relaciones de Onsager (la región lineal), un sistema evoluciona hacia un estado estacionario caracterizado por la mínima producción de entropía compatible con las ligaduras determinadas por las condiciones del contorno. Este estado estacionario es necesariamente un estado de no-equilibrio en el que ocurren procesos disipativos con ritmos no nulos. Pero, dado que entonces todas las cantidades que describen al sistema tienen que ser independientes del tiem-

160

po, la actividad del sistema hace aumentar necesariamente la entropía del entorno: $dS=d0$ implica un balance entre d_eS y d_iS. El flujo negativo d_eS significa que el sistema transfiere entropía al mundo exterior.

Esta termodinámica lineal del no-equilibrio tenía que ser generalizada para poder construir una termodinámica del no-equilibrio válida para sistemas en condiciones alejadas del equilibrio (9). Los sistemas sometidos a ligaduras fuertes presentan respuestas que ya no son lineales; de acuerdo con esto, su comportamiento muestra una multiplicidad de estados estacionarios así como muchas características dinámicas nuevas relacionadas con ellas, como las bifurcaciones, las histéresis, etc.. Damos a continuación dos ejemplos de comportamiento, recientemente descubierto, de los sistemas en no-equilibrio.

La llamada inestabilidad de Bérnard es un ejemplo muy ilustrativo de una inestabilidad de un sistema estacionario que da lugar a un fenómeno de autoorganización espontánea; la inestabilidad es debida a un gradiente vertical de temperatura establecido en una capa horizontal del líquido. La cara inferior es mantenida a temperatura mayor que la de la cara superior. Como resultado de estas condiciones de contorno, se establece un flujo permanente de calor que va de abajo a arriba. Para pequeñas diferencias de temperatura, el calor puede transmitirse por conducción, sin que aparezca la convección, pero, cuando el gradiente de temperatura alcanza un valor umbral, el estado estacionario (el estado de «reposo» del fluido) se vuelve inestable: aparece la convección, que corresponde al movimiento coherente de un número enorme de moléculas, y aumenta el ritmo de transferencia de calor. En condiciones apropiadas, la convección produce una compleja organización espacial en el sistema [figura 1.3].

Hay otra manera de enfocar este fenómeno. Dos elementos estan implicados en ello: el flujo de calor y la gravitación. En condiciones de equilibrio, la fuerza gravitacional apenas tiene efecto sobre una capa delgada de unos 10 mm. Sin embargo, lejos del equilibrio, la gravitación da lugar a estructuras macroscópicas. La materia en no-equilibrio se vuelve mucho más sensible a las condiciones del mundo exterior que la materia en equilibrio. Me gusta decir que, en el equilibrio, la materia es ciega; lejos del equilibrio, podría comenzar a ver.

En segundo lugar, consideremos el ejemplo de las oscilaciones químicas. Idealmente hablando, tenemos una reacción quí-

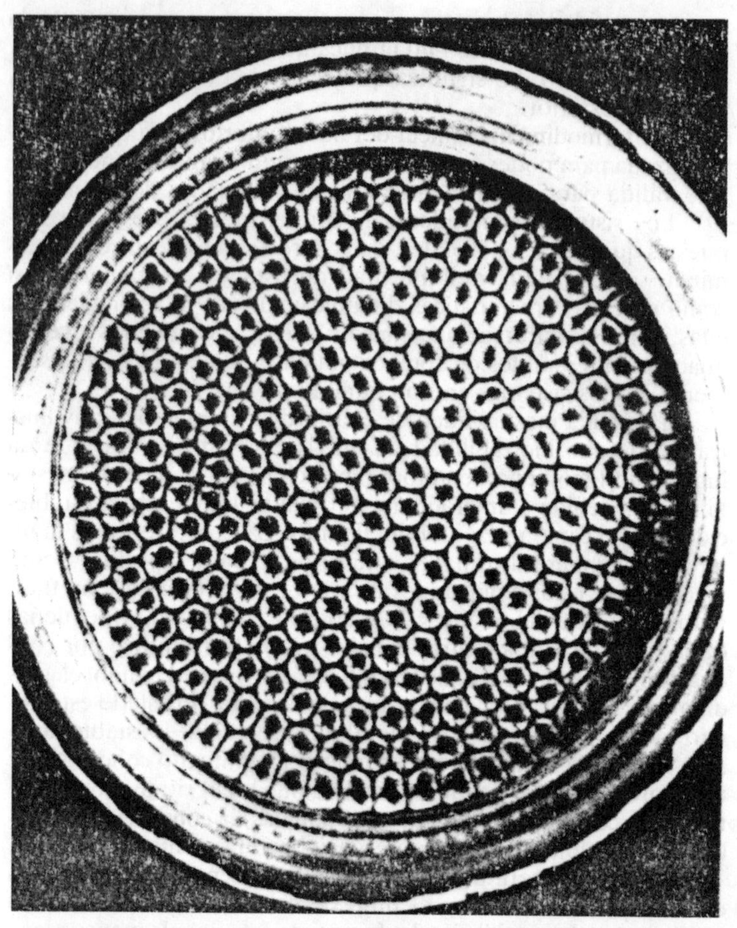

[Fig. 1.3] La inestabilidad hidrodinámica de Bénard (vista desde arriba).

mica cuyo estado podemos controlar mediante la inyección de productos químicos y la eliminación de los productos de desecho. Supongamos que dos de los componentes están constituidos, respectivamente, por moléculas rojas y azules en cantidades comparables. Sería de esperar que observáramos una especie de color

162

impreciso, con trazas de manchas rojas o azules esparcidas irregularmente. Sin embargo, no es esto lo que ocurre realmente. Para la totalidad de un determinado tipo de reacciones químicas, vemos cómo sucesivamente el recipiente entero se vuelve rojo, después azul y más tarde rojo nuevamente: tenemos de esta forma un «reloj químico». En cierta manera, esto viola toda nuestra intuición sobre las reacciones químicas.

Estábamos acostumbrados a hablar de las reacciones químicas como si estuvieran producidas por moléculas que se mueven de manera desordenada y colisionando al azar. Pero, a fin de sincronizar su cambio periódico, las moléculas deben comunicarse en algún sentido. En otras palabras, estamos tratando aquí con nuevas escalas supermoleculares —tanto en el tiempo como en el espacio— producidas por actividad química.

Las condiciones básicas que deben satisfacerse a fin de que ocurran este tipo de oscilaciones químicas son las relaciones auto o reciprocatalíticas, que llevan a un comportamiento «no-lineal», como las descritas en numerosos estudios de la moderna bioquímica. Recordemos que los ácidos nucleicos producen las proteínas, las cuales, a su vez, llevan a la formación de los ácidos nucleicos. Hay un «bucle» autocatalítico que relaciona las proteínas y los ácidos nucleicos. Las situaciones de no-linealidad y alejamiento de equilibrio están íntimamente relacionadas; el efecto de ambas es conducir a una multiplicidad de estados estables (en constraste con las situaciones cerca-del-equilibrio en las cuales sólo encontramos un estado estable). Esta multiplicidad puede verse en un «diagrama de bifurcaciones» [figura 1.4]: hemos trazado la solución del problema, X, respecto a un parámetro de bifurcación, λ, (X podría ser, por ejemplo, la concentración de algún componente químico, y λ podría tener relación con el tiempo durante el cual las moléculas están en el reactor químico). Para un cierto valor crítico del parámetro de control, el valor que denotaremos por λ_c, surgen nuevas soluciones. Por otro lado, cerca del punto de bifurcación, el sistema tiene una «elección» entre dos ramas: podríamos esperar, por tanto, un comportamiento estocástico: cerca de un punto de bifurcación, las fluctuaciones juegan un papel importante.

2. *Dinámica caótica y atractores fractales*

El hecho de que los sistemas disipativos presenten un comportamiento que puede ser descrito en términos de atractores

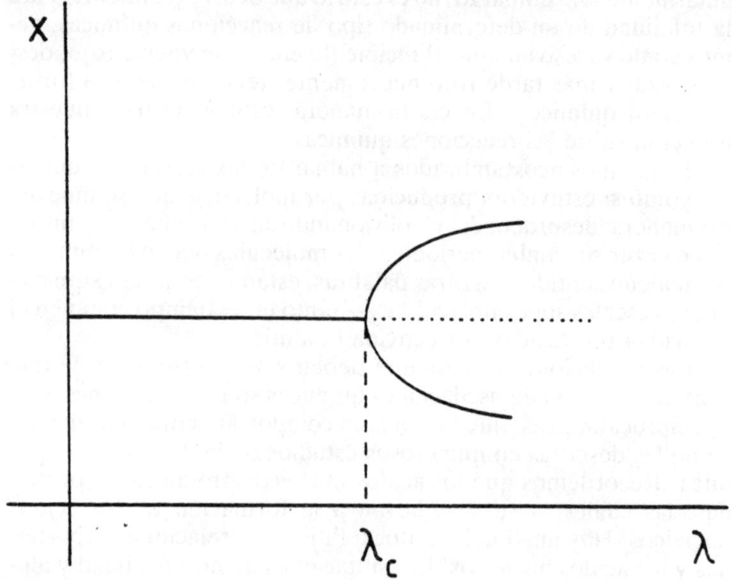

[Fig. 1.4] Bifurcación entre ramas estacionarias, para un parámetro de control.

implica otra diferencia básica con respecto a la mecánica. Supongamos que tenemos un objeto celeste extraño que se acerca a la Tierra: esto implicaría una deformación de la trayectoria terrestre que permanecería para siempre: los sistemas dinámicos no pueden *olvidar* las perturbaciones. No es éste el caso cuando incluimos disipación. Un péndulo amortiguado alcanzará una posición de equilibrio, sea cual sea la perturbación inicial.

Podemos ahora entender bien, en términos bastante generales, qué ocurre cuando llevamos un sistema lejos del equilibrio. El «atractor» que dominaba el comportamiento del sistema cerca del equilibrio puede volverse inestable, como resultado del flujo de materia y energía que dirijimos hacia el sistema. El no-equilibrio se transforma en una fuente de orden; nuevos tipos de atractores, tipos más complicados quizás, pueden aparecer y dar lugar a nuevas y extraordinarias propiedades del comportamiento es-

164

pacio-temporal del sistema. Consideremos dos ejemplos muy estudiados en la actualidad.

Hemos visto cómo los sistemas disipativos pueden olvidar las perturbaciones; estos sistemas están caracterizados por atractores. Los atractores más elementales son puntos o líneas como las que se muestran en las figuras 2.1 y 2.2. En la figura 2.1., hay un punto atractor P en un espacio bidimensional (X_1 y X_2 pueden ser las concentraciones de algunas espacies): sean cuales sean las condiciones inciales, el sistema evolucionará necesariamente hacia P. En la figura 2.2, hay un atractor lineal: sean cuales sean las condiciones iniciales, el sistema evolucionará finalmente sobre esta línea, llamada ciclo límite.

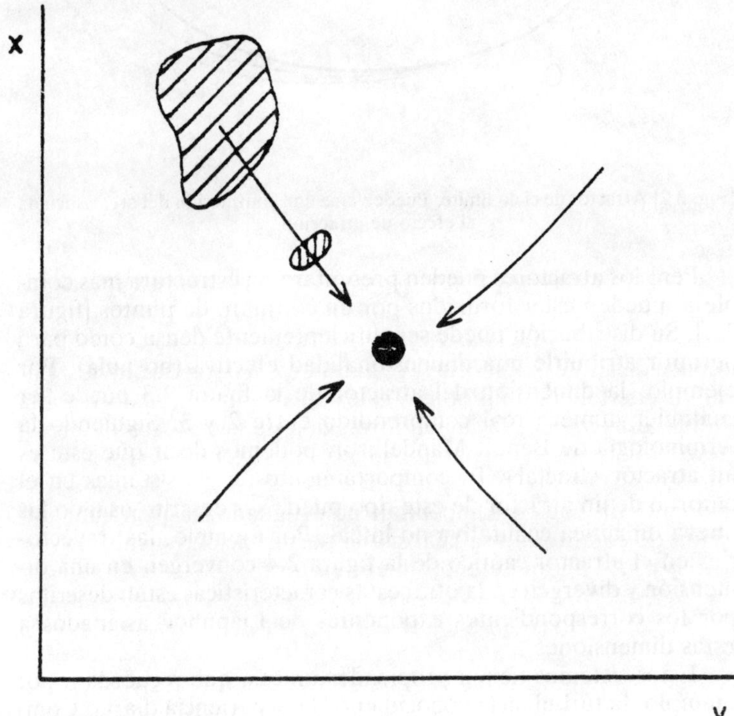

[Fig. 2.1] Atractor puntual en el espacio fásico *(x,y)*.

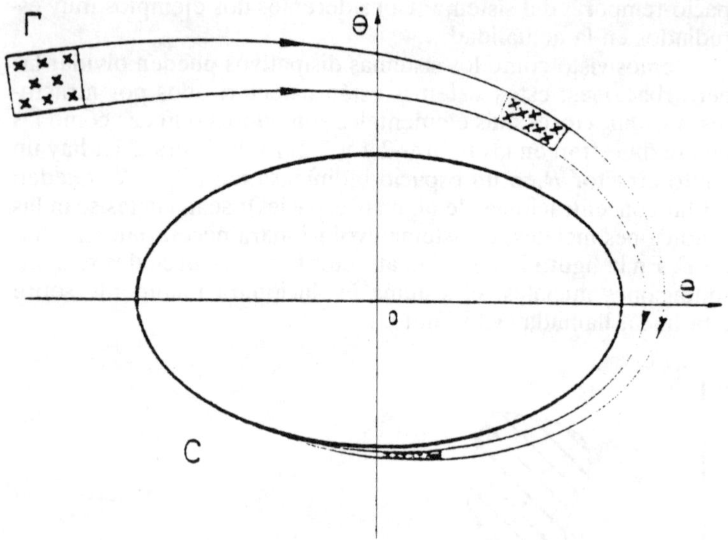

[Fig. 2.2] Atractor de ciclo límite. Puede verse una contracción del área asociada al efecto de atracción.

Pero los atractores pueden presentar una estructura más compleja: pueden estar formados por un conjunto de puntos [figura 2.3]. Su distribución puede ser suficientemente densa como para permitir atribuirle una dimensionalidad efectiva (no nula). Por ejemplo, la dimensión del atractor de la figura 2.3 puede ser cualquier número real comprendido entre 2 y 3. Siguiendo la terminología de Benoit Mandelbrot, podemos decir que éste es un atractor «fractal». El comportamiento de los sistemas en el entorno de un atractor de este tipo puede ser descrito usando las nueva dinámica cualitativa no-lineal. Por ejemplo, las trayectorias en el atractor caótico de la figura 2.4 convergen en una dimensión y divergen en la otra; estas características están descritas por los correspondientes exponentes de Liapunov asignados a estas dimensiones.

Estos sistemas tienen propieades únicas, que recuerdan, por ejemplo, la turbulencia conocida por la experiencia diaria. Combinan fluctuaciones y estabilidad. El sistema es llevado hacia el atractor, pero, puesto que éste está formado por tal cantidad de

166

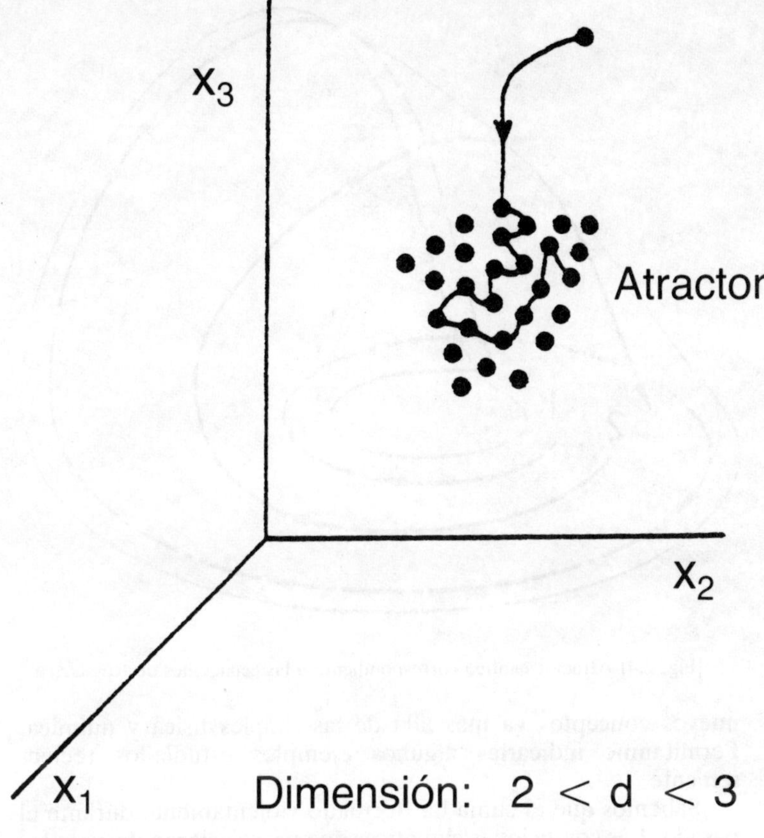

[Fig. 2.3] Atractor fractal.

puntos, es de esperar que se produzcan grandes fluctuaciones. Se habla a menudo de «caos atrayente». Estas grandes fluctuaciones están relacionadas con una gran sensibilidad respecto a las condiciones iniciales. La distancia entre trayectorias vecinas aumenta exponencialmente con el tiempo (este aumento viene caracterizado por los llamados exponentes de Lyapunov). El caos atractor ha sido observado en una serie de situaciones que incluyen sistemas químicos o hidrodinámicos; pero la importancia de estos

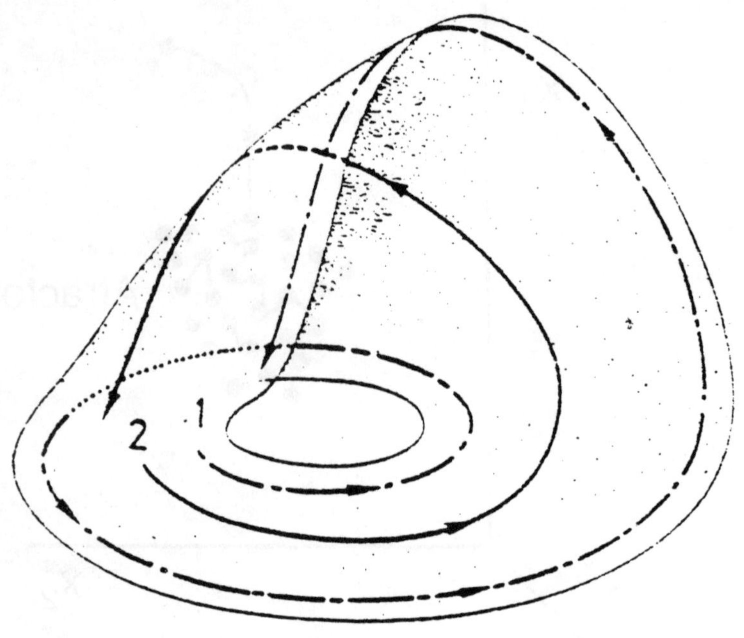

[Fig. 2.4] Atractor caótico correspondiente a las ecuaciones de Rössler.

nuevos conceptos va más allá de las simples física y química. Permítanme indicarles algunos ejemplos estudiados recientemente.

Sabemos que el clima ha fluctuado violentamente durante el pasado. Las condiciones climáticas que prevalecieron durante los últimos dos o trescientos millones de años fueron extremadamente diferentes de las actuales. En el transcurso de esos períodos, a excepción de la era cuaternaria (que comenzó hace unos dos millones de años), no hubo prácticamente hielo en los continentes y el nivel del mar fue unos ochenta metros más alto que el actual. Una característica distintiva y sorprendente de la era cuaternaria es la aparición de una serie de glaciaciones, con una periodicidad media de unos cien mil años, a las que se superpone una importante cantidad de «ruido». ¿Cuál es el origen de estas violentas fluctuaciones [figura 2.5] que, evidentemente, han jugado un papel importante en nuestra historia? No hay indicios de que la intensidad de la energía solar pueda ser la responsable.

Un análisis reciente de C. y G. Nicolis (10) ha mostrado que estas fluctuaciones pueden corresponder a modelos de cuatro variables independientes, formando un sistema dinámico no-lineal que conduce a un atractor caótico de dimensión 3,1 sumergido en un espacio físico de dimensión 4. La variabilidad del clima podría entenderse como el resultado de la interacción de un gran número de variables, actuando de una forma determinista; sería ésta, entonces, una situación similar a la que resulta de la ley de los números grandes. La intuición actual es de que esto no es así. La

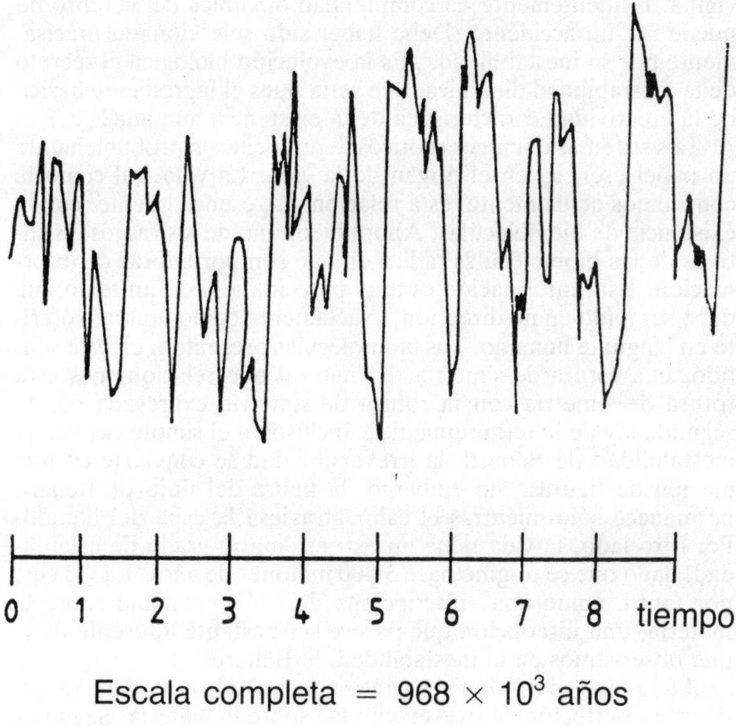

[Fig. 2.5] Variación del volumen total de hielo continental de la Tierra durante el último millón de años, inferido a partir del registro de isótopos.

complejidad temporal debido sólo a cuatro variables independientes. Debemos aceptar, por lo tanto, una complejidad intrínseca o impredicibilidad del clima.

En otro campo, trabajos recientes (11) han mostrado que la actividad eléctrica del cerebro durante el sueño profundo, monitorizada por electroencefalograma (EEG), puede ser modelizada mediante un atractor fractal. El sueño profundo de un EEG puede ser descrito por una dinámica en la que intervienen cinco variables; éste es un hecho muy notable dado que muestra que el cerebro actúa como un sistema que posee no sólo una complejidad intrínseca, sino también impredecibilidad.

Es esta impredicibilidad la que permite las amplificaciones de los *inputs* relacionados con la impresión sensorial del estado de vigilia. Evidentemente, la complejidad dinámica del cerebro no puede ser un accidente. Debe haber sido seleccionado precisamente por su inestabilidad. ¿Es la evolución biológica el secreto de la inestabilidad dinámica, que sería pues el ingrediente básico de la creatividad característica de la existencia humana?

Los sistemas químicos caóticos desempeñaron probablemente un papel esencial en el origen de la vida. La vida, tal como la conocemos actualmente, está relacionada, esencialmente, con la existencia de biomoléculas. Ahora bien, uno de los rasgos distintivos de las biomoléculas radica en que son portadoras de información. Esta información es muy parecida a la de un texto que debe ser leído en un dirección, exactamente como un texto escrito en lenguaje humano. Las biomoléculas presentan, en este sentido, una rotura de simetría. Es natural que relacionemos esta rotura de simetría con la rotura de simetría expresada por la segunda ley de la termodinámica. Incluso en el simple caso de la inestabilidad de Bénard, la irreversibilidad se convierte en formación de figuras. Sin embargo, la figura del flujo de Bénard permanece sólo mientras el calor atraviesa la capa del líquido. Por otro lado, la vida tiene un extraordinario grado de estabilidad, dado que se originó hace 3.400 millones de años. La vida es, por tanto, como una «inscripción» de irreversibilidad sobre la materia, una inscripción que parece ser bastante diferente de la que observamos en la inestabilidad de Bénard.

Las reacciones químicas caóticas nos dan un modelo simple de esta inscripción de irreversibilidad sobre la materia. Según un trabajo reciente de G. Nicolis y G. y J. Subba Rao (12), consideremos ahora una reacción química en la que intervienen tres

170

componentes: X_1, X_2, X_3. Cada vez que la concentración de alguno de estos componentes supera un determinado valor umbral, suponemos que la molécula del respectivo componente se une a cierto polímero [figura 2.6]. Como resultado, obtenemos una secuencia que lleva consigo una información incompresible. Es verdad que esto habría podido conseguirse con una reacción de ciclo límite, en cuyo caso sólo podríamos esperar una secuencia periódica del tipo *xyzxyzxyz*. Los autores han demostrado que esta secuencia, al ser leída en la dirección en que crece el

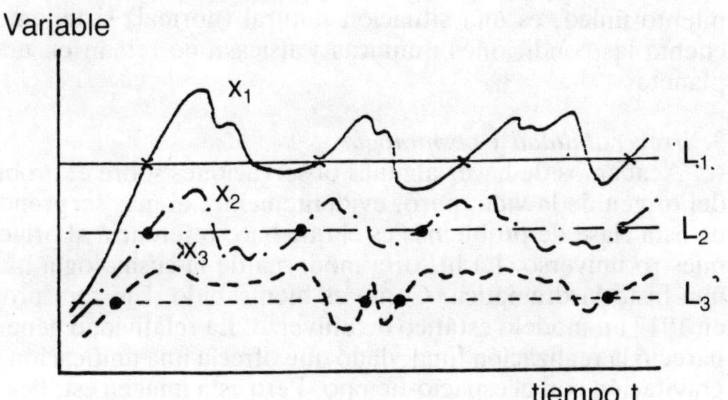

zxyx   zxyx   zxzyx   zxyx   zxyx   zxyx   zxyx   zxyx

zxyx   zxyx   zxyx   zyx   zxzyx   .   .   .   .   .

α=zyx , β=zxyx , γ=zx

. . .   ββγαββββββαγαβ   . . .

[Fig. 2.6] Dos codificaciones sucesivas de un comportamiento caótico.

171

tiempo, corresponde a una cadena de Markov. Este es solamente un modelo supersimplificado. Pero se puede esperar, y esto es lo que está estudiando nuestro grupo de Austin, que puedan realizarse experimentos reales («del mundo real») a fin de producir cadenas de polímeros en condiciones lejos-del-equilibrio, separados de la rama termodinámica por puntos de bifurcación. Podemos esperar encontrar aquí algún tipo de moléculas prebióticas, portadoras de información, que podrían ser plausibles antecesoras de las actuales biomoléculas. De todas formas, una mejor comprensión de la química en condiciones lejos-del-equilibrio podría mostrar que el origen de la vida, lejos de ser un acontecimiento único, es una situación natural (normal) si tenemos en cuenta las condiciones químicas y físicas que reinan en nuestro planeta.

3. *Irreversibilidad y cosmología*

Acabamos de hacer algunas observaciones sobre el problema del origen de la vida, pero, evidentemente, el más sorprendente de esta clase de problemas es el que hace referencia al origen de nuestro universo. La historia moderna de la cosmología ha sido una historia dramática. Como es bien sabido, Einstein propuso en 1917 un modelo estático de universo. La relatividad general le pareció la realización final, dado que ofrecía una unificación de la gravitación con el espacio-tiempo. Pero esta imagen estática tuvo que ser abandonada cuando Friedman demostró que las ecuaciones de Einstein eran inestables, y cuando las observaciones de Hubble sugirieron un universo en expansión, evolutivo. Posteriormente, la famosa radiación residual del cuerpo negro sugirió que, más allá de esta evolución geométrica, hay una evolución térmica más fundamental.

Llegamos así a la moderna cosmología *standard* [figura 3.1]. Esta presenta dos aspectos fundamentales: la temperatura del universo aumenta monótonamente conforme nos acercamos al Big-Bang, mientras que, de acuerdo con una fase adiabática de la evolución, la entropía del universo permanece constante. No podemos dar aquí los detalles, pero sí destacaremos que todo esto implica dos preguntas obvias: ¿cómo pudo comenzar el universo a partir de una tamperatura tan alta?; y, ¿cómo pudo la entropía alcanzar este nivel en el primer momento? A este respecto, se han ideado diferentes modelos, algunos de los cuales introducen la consideración de un fenómeno irreversible en el origen de nuestro universo; me refiero a modelos como el del universo «inflacionario».

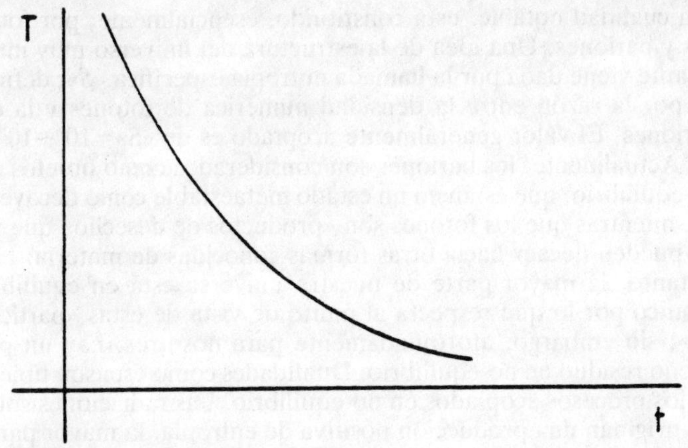

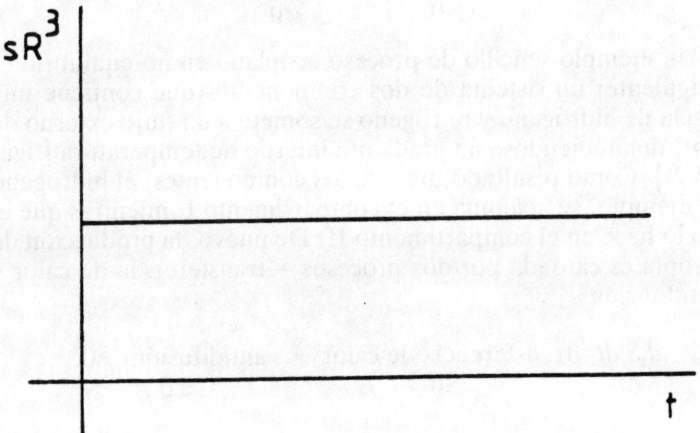

[Fig. 3.1] Suposiciones de la moderna cosmología *standard* para la temperatura y la entropía del universo.

Pero las preguntas sobre el origen de la entropía y sobre el significado de la evolución de la temperatura siguen abiertas. Es muy tentador reconsiderar estas preguntas desde el punto de vista de los procesos irreversibles (13). Encontramos en el universo una cualidad notable: está constituido, esencialmente, por fotones y bariones. Una idea de la estructura del universo muy interesante viene dada por la llamada entropía específica «S», definida por la razón entre la densidad numérica de fotones y la de bariones. El valor generalmente aceptado es de «S»$\simeq 10^8 \sim 10^9$.

Actualmente, los bariones son considerados como objetos en no-equilibrio, que están en un estado metaestable como decayendo, mientras que los fotones son «productos de desecho» que ya no pueden decaer hacia otras formas conocidas de materia. Por lo tanto, la mayor parte de nuestro universo está en equilibro térmico por lo que respecta al punto de vista de estas «partículas»; sin embargo, afortunadamente para nosotros, hay un pequeño residuo en no-equilibrio. Dualidades como ésta son típicas de los procesos acoplados en no-equilibrio. Las radiaciones solares originan una producción positiva de entropía, la mayor parte de la cual lleva a la disipación en forma de fotones. De manera esquemática, tenemos que

$$d_i S/dt = \text{fotones} + \text{biomoléculas} \geqslant 0$$
$$\quad\quad\quad\quad >0 \quad\quad\quad\quad <0$$

Un ejemplo sencillo de proceso acoplado en no-equilibrio es el siguiente: un sistema de dos componentes que contiene una mezcla de hidrógeno y nitrógeno se somete a un flujo externo de calor, manteniéndose un gradiente interno de temperatura [figura 3.2.]. Como resultado, uno de los componentes, el hidrógeno por ejemplo, se acumula en el compartimento I, mientras que el otro lo hace en el compartimento II. De nuevo, la producción de entropía es causada por dos procesos —transferencia de calor y «antidifusión»:

$$d_i S/dt = \text{transferencia de calor} + \text{«antidifusión»} \geqslant 0.$$
$$\quad\text{dt} \quad\quad\quad\quad\quad \geqslant 0 \quad\quad\quad\quad\quad\quad \leqslant 0$$

Si, en algún momento, cesamos el flujo de calor, la concentración de los componentes en los compartimentos se irá igualando lentamente. Durante algún tiempo, tendremos una distribu-

174

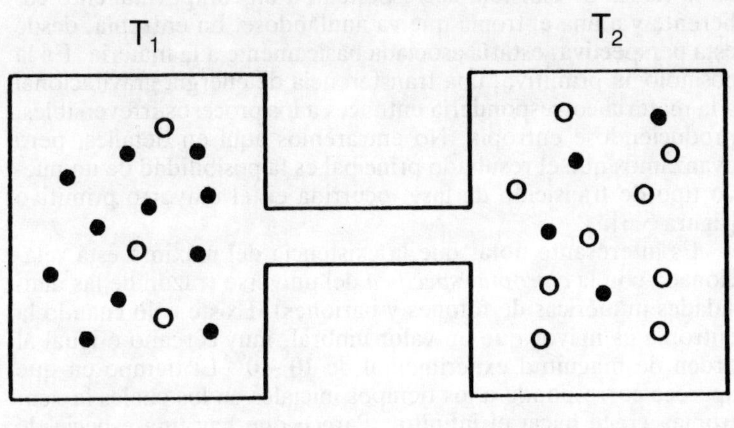

$$\frac{d_i S}{dt} = \text{Transferencia de calor} + \text{Antidifusión} \geq 0$$

$$\geq 0 \qquad\qquad \leq 0$$

[Fig. 3.2] Un ejemplo de procesos acoplados en no-equilibrio.

ción en equilibrio de temperaturas y una *distribución en no-equilibrio* de materia.

Lo que es importante es que la parte del sistema que va evolucionando lentamente hacia el equilibrio ha sido apartada del equilibrio por un *proceso de no-equilibrio*. ¿Es posible que la materia sea la parte en no-equilibrio de algún proceso cósmico de no-equilibrio que haya producido también la radiación del cuerpo negro? Creemos que hay una posibilidad de que esto sea así cuando reconsideramos el papel que desempeña la segunda ley en la relatividad general.

Consideremos la dualidad básica que aparece en la relatividad general: por una parte, el espacio-tiempo; por otra, la materia. Estos dos aspectos están conectados por medio de las ecuaciones de Einstein. Pero no hay razón alguna para creer que el espacio-tiempo y la materia juegan un papel simétrico con respecto a la entropía. Al contrario, es verosímil que los modos longitudinales en la teoría de Einstein correspondan a un comportamiento coherente y a una entropía que va anulándose. La entropía, desde esta perspectiva, estaría asociada básicamente a la materia. En la cosmología primitiva, una transferencia de energía gravitacional a la materia correspondería entonces a los procesos irreversibles, produciéndose entropía. No entraremos aquí en detalles, pero avanzamos que el resultado principal es la posibilidad de un nuevo tipo de transición de fase, ocurrida en el universo primitivo [figura 3.3].

Es interesante notar que la existencia del máximo está relacionada con la *entropía específica* del universo (razón de las densidades numéricas de fotones y bariones). Existe sólo cuando la entropía es mayor que un valor umbral, muy cercano o igual al orden de magnitud experimental de 10^8-10^9. El tiempo en que aparece corresponde a los tiempos iniciales en los cuales la «entropía» crece hacia el infinito.* Parece que hay una especie de transición de fase que calentó el Universo primitivo y que está relacionada con la transición desde un universo no-Minkowskiniano abierto hacia un verdadero universo Minkowskiniano.

Resumiremos ahora los principales descubrimientos que hemos mostrado. La irreversabilidad juega un papel constructivo, y no sólo destructivo, en nuestro universo. Cuestiones como la del origen de la vida, la del origen del universo o la del origen de la materia, ya no pueden ser discutidas sin tener que recurrir a la irreversibilidad. Estamos, pues, en una situación paradójica, que nos lleva a un enfrentamiento con el punto de vista tradicional. En efecto, el criterio convencional consiste en que, dado que las leyes fundamentales de la física son simétricas respecto a la inversión temporal, no puede haber base física alguna que fundamente la orientación del tiempo. La aparición de la irreversibilidad en los procesos físicos y la correspondiente «orientación del tiempo» son tan sólo el resultado de una media estadística (o «de grano gordo») que es necesaria, no por ningún aspecto objetivo de los fenómenos físicos, sino simplemente para tener en cuenta nuestra ignorancia (o falta de interés) sobre el estado dinámico del sistema. Así, Born afirma que «la irreversibilidad es una consecuencia de la introducción explícita de la ignorancia en las leyes fundamentales». Esto convertiría una estructura química o biológica en el resultado de nuestra ignorancia, lo cual es paradójico.

* Agradezco al Dr. Edgard Gunzig por estas observaciones.

176

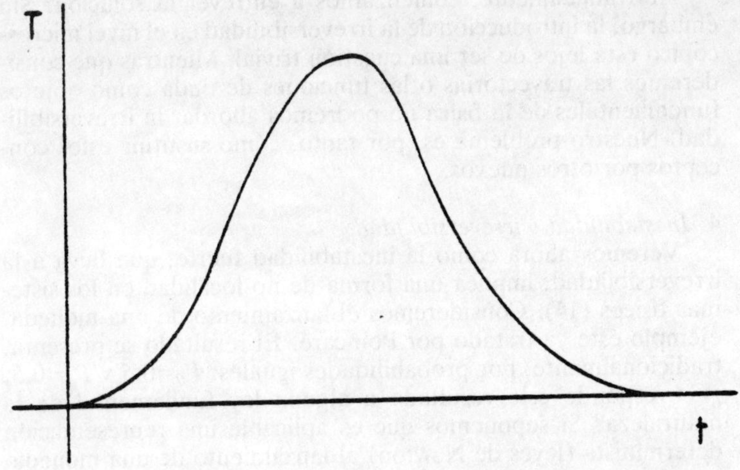

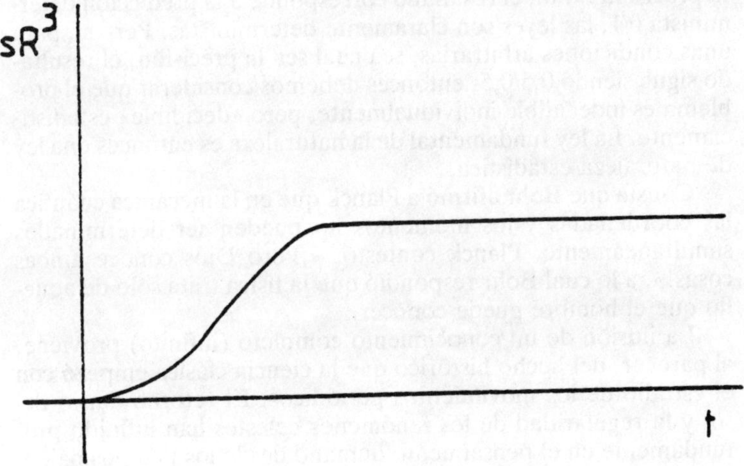

[Fig. 3.3] Suposiciones propuestas para la temperatura y la entropía del universo.

Afortunadamente, comenzamos a entrever la solución. Sin embargo, la introducción de la irreversibilidad en el nivel microscópico está lejos de ser una cuestión trivial. Mientras que consideremos las trayectorias o las funciones de onda como objetos fundamentales de la física no podremos abordar la irreversibilidad. Nuestro problema es, por tanto, cómo sustituir estos conceptos por otros nuevos.

4. *Inestabilidad e irreversibilidad*

Veremos ahora cómo la inestabilidad fuerte, que lleva a la irreversibilidad, implica una forma de no-localidad en los sistemas físicos (14). Consideremos el lanzamiento de una moneda, ejemplo éste ya tratado por Poincaré. El resultado se presenta, tradicionalmente, por probabilidades iguales: $P_0=0,5$ y $P_1=0,5$. ¿Corresponde este resultado a alguna ley fundamental de la naturaleza? Si suponemos que es aplicable una representación determinista (leyes de Newton) al lanzamiento de una moneda, ¿no debería ser 0 o 1 el resultado, según cuáles fueran los condiciones iniciales?

Podemos ahora analizar más detalladamente esta información. Supongamos que vamos limitando las condiciones iniciales dentro de intervalos cada vez menores. Si, comenzando con cierta precisión finita, el resultado corresponde a la predicción determinista 0/1, las leyes son claramente deterministas. Pero si, para unas condiciones arbitrarias, sea cual sea la precisión, el resultado sigue siendo 0,5/0,5, entonces debemos considerar que el problema es indecidible individualmente, pero «decidible» estadísticamente. La ley fundamental de la naturaleza es entonces una ley de naturaleza estadística.

Consta que Bohr afirmó a Planck que en la mecánica cuántica las coordenadas y los momentos no pueden ser determinados simultáneamente. Planck contestó: «¡Pero Dios conoce ambas cosas!», a lo cual Bohr respondió que la física trata sólo de aquello que el hombre puede conocer.

La ilusión de un conocimiento completo (infinito) proviene, al parecer, del hecho histórico que la ciencia clásica empezó con el estudio de los movimientos periódicos. El retorno diario del sol y la regularidad de los fenómenos celestes han influido profundamente en el pensamiento humano desde los tiempos paleolíticos. Pero esta regularidad de los procesos periódicos no es el caso general. El mensaje contenido en el segundo principio de la

178

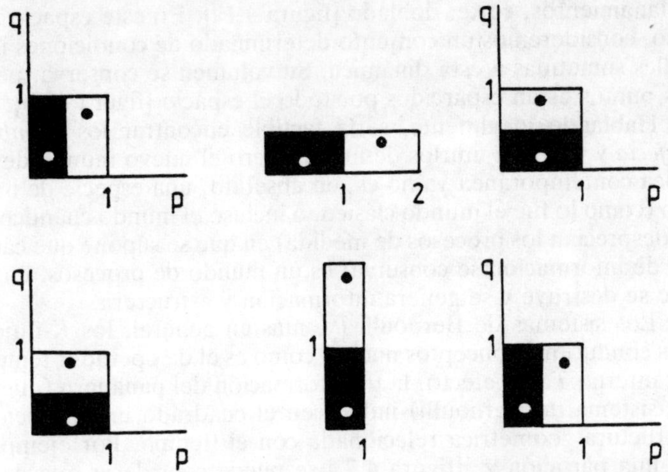

[Fig. 4 1a] *La transformación del panadero* en el espacio fásico *(p,g)*. La transformación del panadero puede ser descrita como una transformación puntual uno-a-uno en el espacio fásico [0,1[X[0,1[: *(x,y)→ (x',y')*, donde $x'=2\ x\ (\text{mod } 1)$ y $y'=(y+2\ x-x')/2$.

termodinámica consiste en que no vivimos en un mundo que pueda ser descrito en términos de movimientos periódicos. Es un mundo inestable, que conocemos a través de una ventana finita.

A modo de ejemplo, consideremos la llamada *transformación del panadero*. Aquí el espacio físico es un cuadrado, sobre el que aplicamos las operaciones bien conocidas por los panaderos:

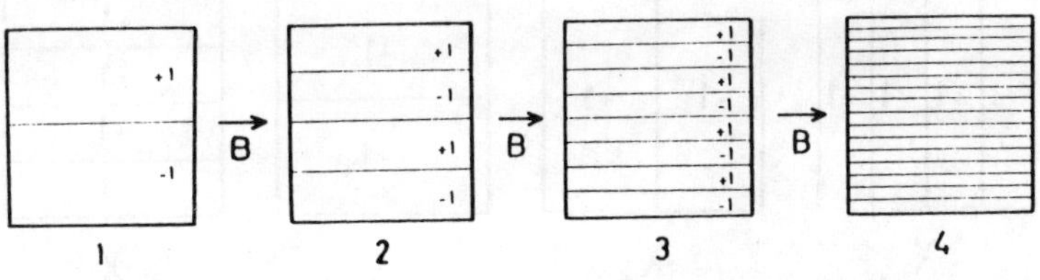

[Fig. 4.1b] Conservación y fragmentación del volumen para la *transformación del panadero*.

aplanamientos, corte, doblado [figura 4.1a]. En este espacio fásico, consideremos un conjunto determinado de condiciones iniciales sometidas a esta dinámica. Su volumen se conserva, pero los puntos están esparcidos por todo el espacio [figura 4.1b].

Hablando idealmente, sería factible encontrar los *membra disjecta* y volver a unirlos de nuevo. Pero el nuevo mundo de la física contemporánea ya no es, en absoluto, una especie de museo (como lo fue el mundo clásico, o incluso el mundo cuántico si se desprecian los procesos de medida) en que se supone que cada bit de información se conserva: es un mundo de procesos, en el que se destruye y se genera información y estructura.

Los sistemas de Bernoulli (y, más en general, los K-flujos) nos conducen a conceptos nuevos como es el de operador temporal interno T. En efecto, la transformación del panadero (que es un sistema de Bernoulli) induce en el cuadrado una particular estructura geométrica relacionada con el tiempo. Por ejemplo, de una partición χ_n [figura 4.2.] se puede considerar que da la edad interna que la transformación otorga al sistema. La partición χ_0 tiene la χ_{-1} como su pasado inmediato, y la χ_{+1} como su futuro inmediato, y así sucesivamente: $\chi_n = U^n \chi_0$: además, es evidente que puntos separados por un intervalo de vertical u horizontal reducirán o aumentarán respectivamente, esta distancia en un factor de 2 en cada iteración. Esto determina dos foliaciones del espacio fásico, una en fibras horizontales (que se dilatan) y otra en fibras verticales (que se contraen).

Este nuevo operador T admite a las particiones χ_n como funciones propias; por tanto, no conmuta con el operador U que lleva de una a otra de estas particiones.

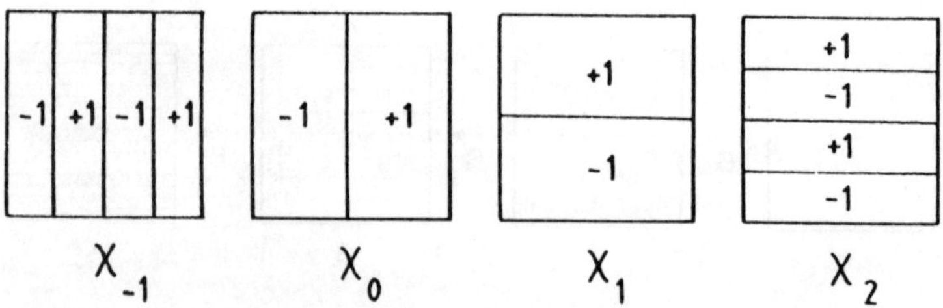

[Fig. 4.2] Particiones generadoras de la *transformación del panadero*.

180

Este tipo de sistema nos trae a los conceptos de particiones codificadoras y generadoras. Una representación muy importante de la transformación del panadero es el llamado «cambio de Bernoulli» (1/2,1/2). Construyamos una partición $\mathbf{P} = \{P_0, P_1\}$, codificada por el alfabeto $\mathbf{A} = \{0,1\}$, donde P_0 (repectivamente P_1) es la mitad izquierda (respectivamente derecha) del cuadrado: un estado (o punto) ω es descrito por un símbolo s si $\omega \varepsilon P_s$. Es fácil ver que la secuencia simbólica (s_t), $t\varepsilon Z$ que corresponde a un punto $\omega = (x,y)$ viene dada por el desarrollo binario siguiente:

$$y = \sum_{k=0}^{\infty} \frac{1}{2^{k+1}} s_k$$

$$x = \sum_{k=-\infty}^{-1} 2^k s_k$$

dado por la aplicación de desplazamiento

$$s'_k = s_{k-1}$$

que es el equivalente a las operaciones del panadero. La partición tiene la propiedad de Bernoulli para esta transformación; en particular, todos los símbolos (s_k), $-\infty < k < +\infty$, que describen un punto cogido al azar (con una distribución uniforme de probabilidad sobre el cuadrado), toman independientemente los valores $(0,1)$ con probabilidades iguales $(1/2,1/2)$.

Cualesquiera que sean los datos definidos a través de una ventana finita, pongamos por caso $s_{-k},\ldots,s_k$, no serán capaces de permitir la predicción de la trayectoria después de un tiempo suficiente $(t > 2_{k+1})$. Desde el punto de vista que aquí nos interesa, el teorema fundamental es el siguiente: supongamos que consideramos un problema de valores iniciales para un sistema dinámico inestable del tipo del del panadero (descrito por un cambio de Bernoulli). Supongamos que nuestro conocimiento de las condiciones iniciales viene descrito por una ventana como la detallada anteriormente, sea cual sea su tamaño. Tenemos que representar entonces nuestro estado inicial por una función de distribución sobre el estado de las secuencias simbólicas. El teorema básico sobre sistemas de Bernoulli y K-sistemas afirma entonces que esta función de distribución satisface una ecuación del tipo

Markov, correspondiendo a una aproximación al equilibrio para un tiempo positivo grande.

Tenemos que subrayar que ambas condiciones (inestabilidad y ventana finita) son necesarias. Con una ventana finita y un sistema estable el conjunto que resultaría sería la colectividad de Gibbs en no-equilibrio, que satisface la ecuación temporalmente reversible de Liouville. Para precisión infinita, deberíamos tratar con un punto fásico que siguiera una trayectoria única, y entonces no aparecería problema alguno de irreversibilidad.

Por lo tanto, tenemos ahora una manera de unificar el trabajo de los dos padres fundadores de la física estadística. Para los sistemas estables, recuperamos las colectividades de Gibbs; para los inestables, recuperamos las ecuaciones cinéticas tipo Boltzmann, que llevan a un aumento de entropía. Veamos más detalladamente cómo ocurre todo esto.

A causa de la ventana finita, es evidente que nunca podremos dintinguir dos puntos de una variedad contráctil que estén más cerca que una cierta distancia estadística η. En efecto, conforme el tiempo avanza, estos dos puntos convergerán en el mismo punto. En lugar de una trayectoria única, debemos considerar un conjunto de trayectorias. De hecho, a la función δ le corresponde ahora una generalización $\hat{\delta} = \Lambda \, \delta$, obtenida mediante el operador de deformación Λ, que suaviza las funciones de distribución del espacio fásico a lo largo de las fibras que se contraen, para distancias $\sim\eta$. Dado que la contracción resulta de la acción de la dinámica, Λ también puede ser expresado como una función de operador $\Lambda = \lambda(t)$, donde λ es una auténtica función real decreciente:

$$1 = \lambda\,(-\infty) \geqslant \lambda\,(t) \geqslant \lambda\,(+\infty) = 0$$

El objeto $\hat{\delta}$ puede jugar ahora el mismo papel fundamental que juega el concepto de trayectoria en la física clásica. Se puede mostrar que el semigrupo mantiene invariante este objeto, de la misma manera que la trayectoria es invariante con respecto a los grupos usuales de la dinámica. Mientras que la colectividad de Gibbs es una superposición de funciones δ, la colectividad de Boltzmann es un superposición de $\hat{\delta}$.

La transformación de panadero corresponde a un caso muy idealizado. Recientemente, se han encontrado en el campo de la dinámica celeste situaciones del mismo tipo, pero más realistas. El ejemplo al que hago referencia es el trabajo de mi colega

T.Petrosky de Austin, realizado bajo la dirección de V. Szebehely, uno de los expertos mundiales sobre el problema de los tres cuerpos. El problema en cuestión consiste en la captura de un cometa en el sistema solar, producida a consecuencia del efecto de Júpiter. Una de las dificultades de este problema radica en que el proceso de captura ocurre por un fuerte efecto de resonancia entre el período de Júpiter y el movimiento del cometa. Todos los efectos que hemos visto anteriormente para la transformación del panadero son también aplicables aquí: las trayectorias individuales dejan de tener sentido, pero es posible hacer un modelo del comportamiento colectivo a partir de la acumulación de movimientos cometarios. Por lo tanto, es un hecho muy notable que las nuevas ideas de irreversibilidad e inestabilidad aparezcan ahora en el baluarte del determinismo, que ha sido tradicionalmente la dinámica celeste clásica (15).

5. *Conclusiones*

En la aproximación que hemos dado, la racionalidad ya no puede seguir siendo identificada con la «certeza», ni tampoco la probabilidad con la ignorancia. En todos los niveles, la probabilidad juega un papel esencial en la mecánica evolutiva.. Las descripciones que damos del mundo exterior y de nuestro propio mundo interior ya no son contradictorias.

Estamos lejos del pesismismo de Sigmund Freud, quien dijo que la historia de la ciencia es una historia de alienación: *Zwei grosse Kränkungen ihrer naiven Eigenliebe hat die Menscheit im Laufe der Zeite von der Wissenschaft erduldan müssen* (16); desde Copérnico ya no vivimos en el centro del universo; desde Darwin el hombre ya no es diferente de los animales; y desde el mismo Freud la conciencia sólo es la parte emergida de una realidad compleja que nos está oculta. Curiosamente, llegamos ahora a una opinión contraria: el hombre aparece como una realización sorprendente de las leyes básicas de la naturaleza, expresadas éstas por la inestabilidad, el azar y la irreversibilidad.

Como hemos mostrado, la física puede hablar ahora de un nuevo operador temporal, que es intrínseco a los objetos, no exterior a ellos. Realmente, no conozco una mejor ilustración de este nuevo concepto de tiempo que los *Relojes blandos* que son uno de los motivos recurrentes más famosos de Dalí.

Hemos visto cómo, incluso en el mundo de la dinámica clásica, hemos conseguido un grado de descripción muy similar al famoso principio de complementariedad de Bohr: los diversos lenguajes y puntos de vista posibles con respecto a un sistema físico pueden ser complementarios. La irreductible pluralidad de perspectivas sobre una misma realidad expresa la imposibilidad de un punto de vista divino desde el cual pueda ser contemplada toda la realidad.

De nuevo, y como mencionábamos en la introducción, estamos aquí muy cerca de la ambigüedad básica claramente reflejadas en el trabajo pictórico de Dalí. Más general aún, sabemos que hay una tendencia profunda, perceptible en alguno de los creadores más relevantes de la pintura moderna, a comunicar una sensación de incertidumbre o de inquietud, sobre el mundo que nos rodea.

En esta conferencia hemos hablado de la reciente evolución de la cosmología. En este campo estamos también lejos de la calmada confianza en el poder infinito de la razón clásica. Un universo evolutivo expresa que la realidad no puede ser devuelta a la identidad. El universo es un escenario en transformación incesante, y, en consecuencia, ¿cómo no recordar las infinitas variaciones de significado de los múltiples sueños de Dalí?

¿Cuál podría ser nuestra conclusión? Más que nunca el tiempo aparece en el centro. Quizá podríamos llegar a decir que toda cosmología que comienza con algún guión para el nacimiento de nuestro universo expresa de una forma u otra que el tiempo precede a la existencia.

Referencias

1. Salvador Dalí, *La conquête de l'irrationnel*, París, Ed. Surréalistes, 1935; texto republicado en: Alain Bosquet, *Entretiens avec Salvador Dalí*, París, Belfond, 1983, Sobre la *irrationalité concrète* invocada por Dalí, se puede recordar la tipología propuesta por Alexandre Kojève en «Pourquoi concret», «Revue XXe Siècle» n° 27, 1966, reproducida en: W. Kandinsky, *Ecrits complets*, vol. 2, La Forme, págs. 393-400.
2. Gordon Mills, *Hamlet's Castle*, Austin, University of Texas Press, 1976.
3. A. Einstein-M.Besso, *Correspondance 1903-1955*, ed. P. Speziali, París, Hermann, 1972, pág. 538.

4. Ver *Albert Einstein: Philosopher Scientist*, ed. Paul Schlipp, 2 vols., Nueva York, Harper and Row, 1959; sobre el rechazo del tiempo por K. Gödel, ver Rudy Rucker, *Infinity and the Mind, The Science and Philosophy of the Infinite*, Nueva York, Bantam, 1983.

5. Ver las observaciones a esta opinión de Hazlitt por R. Rosenblum, *Modern Painting and the Northern Romantic Tradition, Friedrich to Rothko*, Londres, Thames and Hudson, 1975, pág. 205. Ver también *Kosmische Bilder in der Kunst des 30. Jahrhunderts*, Ausstellungskataloge, Staatliche Kunsthalle Baden-Baden, noviembre 1983-1984, Hrsg. Siegmar Holsten y Katharina Schmidt.

6. I. Prigogine y S. Pahaut, «Redécouvrir le Temps», en: *L'art et le temps*, París, Albin Michel, 1985.

7. M. Praz, *Mnemosyne, the Parallel between Literature and the Visual Arts*, Princenton University Press, 1974.

8. Aristóteles, *The Physics*, trad. de PH.H. Wicksteed y F.M. Cornford, 2 vols., Londres, Heinemann, 1929.

9. Para una introducción a estos tópicos, ver I. Prigogine e I. Stengers, *La nouvelle alliance*, París, Gallimard, 1979; I.Prigogine, *From Being to Becoming*, San Francisco, Freeman, 1979; G. Nicolis e I. Prigogine, *Exploring Complexity*, Munich, Piper Verlag. En preparación, versión española: *La Nueva Alianza*, en Alianza Editorial.

10. C. y G. Nicolis, «Nature», 311 (1983), págs. 529-532.

11. A. Babloyantz y C. Nicolis, presentado en «J. Theor. Biol»; A. Babloyantz, J.M. Salazar y C. Nicolis, presentado en «Physics Letters».

12. G. Nicolis, G. y J. Subba Rao, presentado para publicación en «Nature».

13. J. Géhéniau e I. Prigogine, *The Brith of Time*, presentado en «PNAS».

14. B. Misra e I. Prigogine, «Irreversibility and Nonlocality», «Letters in Mathematical Physics», 7 (1983), págs. 421-429. I. Prigogine y M. Courbage, «Intrinsic Randomness and Intrinsic Irreversibility in Classical Dynamical Systems», «PNAS», 80 (1983), págs. 2412-2416; S. Martínez y E. Tirapegui, «Physics Letters», 95A (1983), págs. 143-145.

15. Para una visión general, ver V. Szebehely, *Theory of Orbits*, Nueva York, Academic Press, 1967; sobre nubes de cometas, ver T. Petrosky, «Chaos and Cometary Clouds in the Solar

System», por aparecer; y J. Wisdom, «Chaotic Behavior and the Origin of the Kirkwood Gap», «Icarus» 56 (1983), págs. 51-74.

16. S. Freud, *Vorlesungen zur Einführung in die Psychoanalyse*, Fischer Studien Ausgabe, Frankfurt a/M 1969; ver el final del 18º *Vorlesung*.

Evry Schaztman: Quiero empezar felicitando al profesor Prigogine por esta brillante descripción del universo que va desde las células de Bénard hasta la teoría del Big Bang. Mi intervención es para hacer un comentario sobre la *rotura de simetría*, un fenómeno que usted ha mencionado y que de algún modo subyace bajo la ley del aumento de entropía. Creo que es importante saber que se ha hecho otro intento de descripción del universo basado en dominios de *rotura de simetría* con dominios de signos opuestos. Existe actualmente incluso un análisis de la distribución espacio-temporal de las quásars que favorece un modelo del universo constituido por dos dominios fundamentales, uno de materia y otro de antimateria. Nosotros nos encontramos, claro, del lado de la materia, pero no, naturalmente, en un punto que pueda calificarse de central con respecto a la interfase. Creo, por lo tanto, que este problema de una alta entropía por barión (que he citado esta mañana, aunque sin emplear el término entropía) puede presentar aspectos muy nuevos en los próximos años, especialmente como resultado de los programas para la observación de los quásars proyectados para el inminente telescopio espacial. En definitiva, el modelo del que usted ha partido (nacimiento de la entropía a temperatura cero) es ciertamente muy atractivo. Pero tal circunstancias puede haber tenido lugar en muchos puntos distintos y en una forma muy compleja.

Ilya Prigogine: Estoy de acuerdo con usted, estas ecuaciones no están resueltas de momento. Sin embargo, encuentro muy estimulante la posibilidad de tener, dentro de la relatividad general, una transición de fase entre un universo abierto y, localmente, un universo lorentziano. Si el universo hubiera partido como un universo de «planitud espacial», esta transición de fase no hubiera tenido lugar. No se trata de una circunstancia trivial. Y me gustaría añadir algo: en relatividad general la idea básica es que la realidad es un elemento geométrico. Sin embargo, si creemos en la importancia de los sistemas dinámicos inestables, resulta una idea difícil de aceptar, porque la transformación general mezclaría de alguna manera la estabilidad y la inestabilidad. Por ello espero ciertos cambios en la formulación de la relatividad general.

Rolf Tarrach: Nos ha mostrado usted una curva de la evolución temporal de la temperatura del universo con cierto aspecto gaussiano o, al menos, con un máximo claro. ¿A qué instante corresponde este máximo de temperatura para este modelo?

Ilya Prigogine: Muy temprano, muy temprano. Es difícil de determinar con exactitud. Lo que me interesaba mostrar es una formulación de la segunda ley de la termodinámica que incluye el efecto de la gravitación y resulta que ello es posible empleando una nueva definición de la energía interna que no es más que la magnitud clásica multiplicada por un factor que depende del estado gravitacional del universo. Y resulta que este factor tiende muy rápidamente hacia el valor unidad, con lo que se recupera la formulación habitual de la segunda ley. En otras palabras, el interés de la fomulación que he intentado explicar está en mostrar que la formulación de la segunda ley depende, ella misma, del estado cosmológico del universo.

Rolf Tarrach: Sinceramente: ¿cuál es nuestro conocimiento actual de la termodinámica en presencia de campos gravitatorios clásicos extremadamente intensos?

Ilya Prigogine: Esta es una muy buena pregunta. La respuesta clásica, que no comparto, es de influencia. ¿Por qué? Pues porque se puede formular la segunda ley localmente en coordenadas galileanas, luego se escribe en forma covariante, etc... Mi objeción se basa en que la segunda ley de la termodinámica no es una ley local, sino la elección de un semigrupo (entre dos posibles) usando condiciones asintóticas. Por eso he formulado (con mis colaboradores) la segunda ley de tal manera que el sistema tiende a un esquema de Lorentz para tiempos largos, asintóticamente, allí donde sé que la segunda ley es válida. En esencia, se trata, pues, de una fórmula de inter o extrapolación para campos gravitatorios fuertes.

Peter Landsberg: Su conferencia ha sido, como siempre, una experiencia interesante y estimulante. Mi intervención se refiere también a cómo introducir la entropía gravitacional en ciertas formulaciones cosmológicas. Creo también que es una cuestión muy interesante y, como debe saber, mi compatriota Dr. Penrose, ha empleado mucho tiempo intentando encontrar una clase de tensor capaz de incluir la entropía en los modelos cosmológicos. Creo que hasta ahora no lo ha conseguido. La primera pregunta concierne a este punto: ¿qué relación existe entre su punto de vista y el de Penrose? En segundo lugar, quiero aludir al Big Bang llamado «caliente». Las curvas que ha mostrado se refieren a lo que podríamos llamar Big Bang «frío». En el «caliente» también podemos obtener un aumento de la entropía independiente del tiempo para el Big Bang «caliente», pero acaso ello sólo sea posible en sistemas de una única fase. En un sistema de dos fases (digamos radiación y materia), la expansión del universo desde un estado inicial «caliente» significaría la expansión adiabática de ambas fases fuera del equilibrio. Pero, dado que las fases siguen leyes adiabáticas distintas, la temperatura que alcanzarían serían también distintas. Como consecuencia de tal diferencia se establecería un flujo de calor entre ambas fases y, por lo tanto, tendría lugar un aumento de entropía. Y así, razonando de ciclo en ciclo, se podría incluso describir la variación de entropía en el modelo del universo oscilante, etc.. Pero imagino que todo ello no sería posible en su modelo, dado que la hipótesis consiste en partir de un Big Bang «caliente».

Ilya Prigogine: Bien, en realidad, no tengo demasiado que contestar. Respecto a la primera cuestión: lo único que Penrose (al que admiro mucho) y yo tenemos en común es nuestro interés por este mismo problema. Pero nuestras aproximaciones son totalmente diferentes (otra idea, otro método, otra técnica). La segunda cuestión me parece casi trivial. La entropía que he escrito se refiere naturalmente a escala muy amplia (existen irreversibilidades a muchas escalas distintas incluso aquí, en esta sala: irreversibilidad biológica, etc.). He puesto el énfasis en una evolución para el universo que parte de un valor cero de entropía para tender a la entropía que hoy observamos. Partir de un Big Bang «caliente» nos coloca en una situación muy incómoda, la de entender por qué y cómo se creó la materia con ese valor concreto de entropía y ese valor especial de temperatura. He querido mostrar de qué forma se puede generalizar la segunda ley para dar cuenta del estado gravitacional del universo. Y pienso, además, que puede ser un ejemplo muy atractivo para ilustrar cómo una ley de la naturaleza puede autodepender del tiempo (¡!). Las leyes pueden depender de situaciones especiales. De hecho, cuando Dirac hablaba de la variación de las constantes universales, estaba introduciendo elementos ideológicos de este estilo, esto es, ciertos cambios no se deben a las variaciones de las partículas elementales o las variaciones de las constantes, sino a la variación de las propias leyes. En esencia, es lo que hace no muchos años adelantaba el filósofo norteamericano Pierce.

Jorge Wagensberg: Hoy hemos constatado en directo una posición bien conocida del profesor Prigogine, según la cual las inestabilidades, bifurcaciones o, digamos, ciertos puntos críticos, juegan un papel especial en cuanto a la trascendencia de las fluctuaciones (interiores o exteriores) que, inevitablemente, afectan a todo sistema. En su opinión, ¿son tales puntos genuinas ventanas por las que el azar puede asomarse para intervenir en las venturas y desventuras de la naturaleza? O, más aún, ¿nos acercan tales puntos críticos a la ontología del azar? ¿Debemos, por el contrario, seguir buscando teorías más finas que destierren el azar incluso en tales situaciones?

Ilya Prigogine: Bien, yo no hablaría de ontología, pero sí me gustaría decir que las inestabilidades y la irreversibilidad son el resultado de estructuras dinámicas bien definidas. En principio se han propuesto dos clases distintas de sistemas dinámicos. La primera de ellas incluiría todas aquellas estructuras que llamamos de tipo periódico; en este caso, no hay razón alguna para hablar de inestabilidades o de irreveribilidad. Pero si la información que necesitamos para describir el sistema resulta que no deja de aumentar, y si no hay información finita capaz de predecir el comportamiento del sistema a largo plazo, entonces aparece una situación nueva. Y esta nueva situación está relacionada, efectivamente, con la irreversibilidad, las inestabilidades y la formulación de semigrupo. La epistemología clásica se asocia a fenómenos de tipo periódico y sí, es verdad, la tentación a elaborar una nueva epistemología sobre otra clase de fenómenos es muy fuerte.

Salvador Pániker: Querría insistir en esta problemática que ha planteado Jorge Wagensberg y que creo que es, además, la

190

que nos ha reunido aquí. Yo plantearía la cuestión de este modo: ¿admitiría usted que estos puntos de inestabilidad representan una ausencia total de cualquier tipo de ley natural? Me parece una especie de nihilismo ontológico, casi budista, casi oriental, que podría construir quizá un núcleo del concepto de creatividad.

Ilya Prigogine: Sí, creo que la cuestión de la creatividad se formula mucho más claramente en los términos que he utilizado en mi conferencia que en los que se usan en la física clásica. Después de todo, una pieza de música, por ejemplo, parte del silencio y acaba en el silencio. En otras palabras, el punto inicial de una pieza de música es también una bifurcación. Y lo mismo ocurre, yo diría, con el principio de cualquier innovación. Las innovaciones están relacionadas realmente con la clase de sistemas que exhiben bifurcaciones y éstas, a su vez, son la expresión (incluso a nivel macroscópico) de las inestabilidades dinámicas. Encuentro pues muy natural que hoy pensemos de forma distinta a como se pensaba en tiempo de las leyes de Kepler. Las leyes de Kepler, las de Newton y, en definitiva, la epistemología clásica estaban básicamente relacionadas con fenómenos periódicos. Y esto es también muy natural porque desde los tiempos del neolítico —incluso desde el paleolítico— el hombre ha sido muy sensitivo para con las variaciones periódicos (clima, recolecciones, etc.). Era lógico situar tal fenomenología en la base de la epistemología científica. Y, de hecho, todavía es válida en muchos campos. Pero la naturaleza no responde únicamente a este tipo de fenómenos recurrentes. Preguntad a un físico qué relación existe entre la física y la biología. Os dirá, sí, qué física irá dando cuenta, poco a poco, de los fenómenos vitales. Y es·verdad. Pero el espíritu de la biología siempre ha sido evolutivo (Darwin es del siglo pasado). La física clásica, en cambio, era una física atemporal, sin tiempo. Lo que ocurre actualmente es que el espíritu de la física se está acercando al de la biología, incluso al de las empresas humanas (incluidas las artísticas).

Jordi Flos: No quisiera parecer insidioso o insistente, pero hay algo que me ha sorprendido en la respuesta que el profesor Prigogine ha dado a la pregunta de Jorge Wagensberg: tengo la impresión de que ha evitado explícitamente pronunciar el término «azar». Ha señalado, en cambio, algo que me ha parecido muy sutil e interesante: la emergencia de las innovaciones tiene lugar cuando la información finita no es suficiente para la predicción. Pero ¿porqué no hablar de azar?

Ilya Prigogine: Uno de los resultados más notables de la teoría dinámica moderna es que ciertos sistemas dinámicos inestables son aleatorios, como lo son los juegos de azar tipo Bernouilli. Así pues, puedo contestar abiertamente a su pregunta. Sí, se puede hablar de azar; el azar se ha convertido en un elemento fundamental de la dinámica. Sobre la cuestión ¿qué es el azar?, es decir, desde el punto de vista de la definición, diré que no lo sé. No tengo definición. Pero la teoría matemática del azar, tal como la presentan los jugadores de azar, se aplica ahora a la teoría dinámica. Muchas veces no podemos predecir lo que va a ocurrir, sólo ciertas correlaciones; no podemos describir las realizaciones individuales, sino cierto comportamiento global. En muchos campos tenemos, pues, un nuevo enfoque de la ciencia. En el diálogo del hombre con la naturaleza, la ambición clásica era una naturaleza transparente en la que cualquier acontecimiento individual era explicable y susceptible de ser predicho. La ciencia de hoy no se sitúa ni en procesos puramente deterministas ni en procesos puramente aleatorios. Es muy fácil captar lo que significa un fenómeno de Bernouilli o un movimiento periódico simple. Pero el mundo real se encuentra en algún punto intermedio. Una de las cuestiones centrales consiste precisamente en dotar al concepto de azar de un sentido cuantitativo. Por cierto, esta tendencia se ha podido apreciar en un congreso sobre economía que se ha celebrado recientemente en París. La estructura real de un mercado no es un «ruido blanco» (puro azar), como tendía a creerse en una economía neoclásica. Los análisis con métodos modernos han revelado cuál es el contenido dinámico de ciertas series temporales en economía. Y el resultado notable es que existe «mucha estructura». Necesitamos un nuevo vocabulario para caracterizar la situación intermedia entre el «ruido blanco» y los sucesos perfectamente periódicos. Lo he dicho al empezar mi charla: estamos al principio de un nuevo diálogo con la naturaleza. Nosotros mismos estamos al principio de algo nuevo. No es una coincidencia, el mundo está en una transición hacia una nueva dimensión (por ejemplo: explosión demográfica con nuevos requerimientos energéticos) y la ciencia no es una excepción. La ciencia tiende a resolver procesos de sistemas que interactúan en forma altamente no lineal. Es un gran proyecto que incluye avances importantes en matemáticas de la no linealidad. Existe, creo, una especie de unidad cultural que amalgama dominios antes diversificados y fragmentados.

Peter Landsberg: Estoy muy interesado en el problema de la impredicibilidad sugerido por el profesor Prigogine. Cuando decimos que tal suceso no es susceptible de una predicción, ¿equivale en su opinión a afirmar que no es explicable?

Ilya Prigogine: Esto es no entender nada de mis palabras.

Peter Landsberg: Se trata de una simple pregunta, no de un comentario.

Ilya Prigogine: La respuesta es clara: no. Y no me interesa nada la cuestión de si la naturaleza sabe o no lo que hace. Yo no hablo de lo que la naturaleza sabe o deja de saber. No hablo de ontología, sino de modelos intelectuales sobre el mundo en que vivimos. La cuestión es simplemente: dado este tipo de ecuaciones (como la transformación del panadero), dada una información finita, ¿somos capaces de predecir para un tiempo arbitrario? Y la respuesta, en el estado actual de las matemáticas, es negativa. No, no somos capaces.

Peter Landsberg: Pero el sistema ejecutará, después de todo, un movimiento específico...

Ilya Prigogine: Obviamente.

Peter Landsberg: Es algo muy decepcionante para los científicos admitir su capacidad para...

Ilya Prigogine: Creo que esto es malinterpretar el significado de la ciencia. En mecánica cuántica, también existe cierta incapacidad para predecir, por ejemplo, la posición de un electrón respecto del núcleo. Sólo se puede predecir en el sentido colectivo de muchas experiencias. ¿Es eso un fallo del intelecto humano? No lo creo. De lo que se trata es de adaptar nuestro intelecto a las condiciones del mundo. El mundo podía haber sido una hermosa colección de fenómenos periódicos, pero, en ese caso, seguro que no estaríamos aquí reunidos para debatir el tema.

René Thom: Yo plantearía una cuestión muy sencilla al profesor Prigogine. ¿Ve usted alguna conexión lógica entre la dependencia de las condiciones iniciales y la irreversibilidad temporal?

Ilya Prigogine: He de empezar haciendo una distinción clara de la dependencia senstitiva de las condiciones iniciales en sistemas en los que se ha roto la simetría temporal y en sistemas en los que tal cosa no ocurre. La *transformación del panadero* pertenece a los primeros; los sistemas meteorológicos, por ejemplo, a los segundos. En el primer caso, la sensibilidad de las condiciones iniciales hace que toda una colección de trayectorias nos lleve hasta la formulación de una teoría de semigrupos y, por lo tanto, a una rotura de la simetría temporal. En el segundo caso, como el meteorológico u otros que he mencionado en la conferencia, la situación es muy distinta, ya que la rotura de simetría está ya incluida en las ecuaciones de partida.

René Thom: Tengo pues razón si afirmo que no hay conexión lógica entre la sensitividad de las condiciones iniciales y la irreversibilidad o la reversibilidad temporal...

Ilya Prigogine: No, no tiene razón.

René Thom: No tengo razón, explíqueme por qué.

Ilya Prigogine: No, porque en el caso en que parta de un sistema temporalmente simétrico con condiciones iniciales sensitivas también puede transformarse en un semigrupo de simetría truncada.

René Thom: Naturalmente. Si parte usted de un sistema que no está definido por su homeomorfismo o por una aplicación, entonces está claro que tiene usted una asimetría desde el principio...

Ilya Prigogine: No, no tengo por qué. Puedo partir de sistemas continuos o de una aplicación. No existe la menor diferencia.

René Thom: De todos modos, permítame una observación final sobre sus afirmaciones. Creo que debería usted distinguir muy ciudadosamente aquello que atañe a las matemáticas de

194

aquello que pertenece al mundo real. Las matemáticas no tienen nada que ver con el mundo real.

Ilya Prigogine: Este es su punto de vista, no el mío.

Rolf Tarrach: Si los sistemas dinámicos pueden simular tan bien el azar, ¿cree usted que esto podría llevarnos hacia una nueva comprensión del carácter estocástico del proceso de medida en mecánica cuántica?

Ilya Prigogine: Así lo creo y así lo espero. Estoy trabajando en este tema y acaso pueda ofrecer pronto algún resultado. Pienso que, en efecto, la función de onda corresponde a una potencialidad y el resultado de la medida a una realidad. Y creo que la transición de la potencialidad a la realidad se debe, precisamente, a la irreversibilidad. La dificultad hasta ahora estaba en que era difícil definir el concepto de irreversibilidad en términos de la mecánica cuántica. Sin embargo hoy las cosas han cambiado, los superoperadores y otros elementos han hecho que ello sea posible. Quizá pueda dar una idea sin apoyarme en las matemáticas. La irreversibilidad sugiere que debo centrar mi atención en colecciones de funciones de onda, no en una función de onda individual. Y resulta que tal conjunto de funciones de onda (de trayectorias) ya no satisface la ecuación de Schrödinger original. Además, ya no se refieren a estados puros, dado que representan observaciones sobre una amplia ventana temporal. De esta forma, llegamos a un nuevo concepto de medida: la medida es simplemente un método para expresar el carácter «colectivo» del objeto en cuestión. Es un enunciado muy fuerte, porque estoy diciendo que el objeto fundamental de la mecánica clásica ya no es la obtención de una trayectoria singular ni una colectividad de Gibbs (que puede reducirse a una trayectoria singular), sino un *ente de semigrupo no local orientado temporalmente*. En términos aún más coloquiales, mi punto de vista es el siguiente: los sistemas inestables se comparaban clásicamente a aquellos sistemas dinámicos observables en la realidad por un tiempo infinito; mi idea consiste simplemente en admitir e incluir la finitud de nuestra observación y demostrar que existe un formalismo común para todo este tipo de situaciones independientes, además de la escala de observación.

Evry Schatzman: Vivimos en un mundo inestable lleno de bifurcaciones y esto me recuerda una historieta que apareció hace unos veinticinco años en un periódico de Nueva York. Dos científicos conversan delante de una gigantesca computadora, y uno de ellos dice al otro: «¿Qué ha dicho la computadora?», a lo que el otro responde: «Dice que hemos de conseguir la paz». Más concretamente, en la revista «Nature» han aparecido algunos artículos, inspirados en esta dinámica no lineal, sobre la carrera que finalmente puede llevarnos a la guerra. En la misma revista se ha desatado una polémica muy tensa sobre la hipótesis de tales modelos. Tenemos, por un lado, un almacenamiento fantástico de armas: 50.000 megatones de potencia nuclear y, por otro, ciertas iniciativas de defensa estratégica norteamericana, que usted probablemente conoce mejor que yo. Mi pregunta es: en el contexto de la fenomenología no lineal, ¿no cree que estamos a punto de alcanzar una bifurcación tras la que peligra toda la civilización humana?

Ilya Prigogine: Creo que la cuestión que tan correctamente ha planteado está íntimamente relacionada con la visión del mundo que ofrece la ciencia moderna. En el sentido siguiente: la visión clásica del mundo descansaba en la idea de que racionalidad y realidad eran una misma cosa. Sólo lo racional es real y sólo existe una realidad racional. Hoy vemos un mundo pluralista, un mundo de inestabilidades y lleno de posibles realizaciones. Debemos empezar a pensar en una forma no lineal, debemos comprender que el mundo es mucho más rico que cualquiera de las posibilidades en las que nos ha tocado vivir. El psicoanálisis es un ejemplo claro. La visión clásica es que el psicoanálisis nos revela por qué actuamos de una manera y no de otra. Hoy se tiende a una terapia del grupo y de la familia. Es decir, la tendencia actual es a ir juntos al psicoanalista para que éste descubra las singularidades y no linealidades del grupo que afectan a uno de sus miembros. Y, en mi opinión, el mundo necesita una terapia familiar al nivel de todas las naciones. Los valores están relacionados con las reacciones homeostáticas frente a las posibles realizaciones de cada bifurcación. No creo que sea casualidad el hecho de que los conflictos que sufrimos actualmente ya no se refieran tanto a territorios o a recursos económicos, sino a las ideologías, auténticas armas de una bifurcación, muchas de las cuales son herencias obsoletas del siglo pasado. Mi respuesta se basa pues en una

196

reflexión no lineal, esto es, no se trata de plantear cuidadosamente el problema del desarme, sino de concentrarnos en el problema de la tolerancia. La tolerancia es el verdadero problema de nuestro tiempo, consiste en comprender las alternativas del mundo cultural y en convencernos de que debemos vivir en un mundo múltiple. He aquí, en mi opinión, un buen objetivo para la ciencia actual con respecto a la civilización: proporcionar una vía diversa de realizaciones, mostrar caminos menos lineales, estrechos y condicionados para el hombre. Se trata además, de un sentimiento muy compartido por los científicos europeos. No hay que olvidar que fue precisamente en Europa donde se gestó ese gran proyecto que es la ciencia y ese sistema llamado democracia, es decir, la racionalidad científica y la racionalidad social y humanista. Como europeos vivimos en la intersección del sistema de valores, es nuestra tradición. Aproximar estas dos racionalidades es una bella misión para nosotros. De este modo quizá nos acerquemos a una mayor tolerancia y a aceptar la multiplicidad de la civilización humana.

René Thom: ¿Usted cree entonces que el espacio se ramifica
continuamente?...
Ilya Prigogine: No, no, no. Lo que digo es que...

Segundo debate general
Determinismo y libertad

Carles Ulisses Moulines: Como punto de partida para este debate final, yo propondría dos cuestiones. La primera se refiere al determinismo como una propiedad del mundo (de la realidad) o bien de las teorías (del conocimiento). En este punto, la discusión no debería centrarse, creo, tanto en discutir la alternativa (muchos se han manifestado ya sobre el sinsentido de reclamar o no el determinismo del mundo), sino más bien en el indeterminismo que poco a poco se ha ido imponiendo en nuestros esquemas conceptuales. La pregunta sería entonces: esta tendencia indeterminista de la ciencia moderna, ¿hay que aceptarla como un estado provisional de la ciencia moderna, o más bien como una adquisición definitiva de la mente humana? La segunda cuestión es de carácter semántico y ha sido sugerida por el profesor Schatzman. En las discusiones precedentes, hemos oído hablar de sistemas deterministas que no son predecibles y viceversa: se pueden hacer ciertas predicciones en ausencia de determinismo. Es necesario distinguir entre determinismo y predictibilidad.

Ilya Prigogine: Quiero decir, en primer lugar, que para mí, como físico, las teorías se refieren a la naturaleza y no estoy seguro de que me interese una dirección semántica para el debate. Diré también que la necesidad de conceptos probabilísticos está hoy profundamente enraizada en la ciencia. Quizá sea un defecto del método, pero resulta muy difícil imaginar otro que puedar dar cuenta de todo lo que de algún modo tiene que ver con la descripción de la materia. Los problemas de la naturaleza que nos preocupan sugieren más bien que debemos extender aún más los esquemas que incluyen ideas de irreversibilidad, de rotura de simetría, ecuaciones estocásticas, etc. No debemos olvidar que no vivimos en el mundo que hemos elegido, vivimos en un universo que queremos conocer de la mejor manera posible, y esta manera no tiene por qué ser la que más nos gusta, la más elegante o la semánticamente más aceptable.

René Thom: Quiero hacer una precisión a las palabras del Dr. Moulines. Ha dicho que el determinismo debe definirse para las teorías. Yo afinaría un poco más para decir que el determinismo sólo se puede encontrar, al menos en el sentido científico, en los modelos, y no en las teorías. No tiene sentido, por ejemplo, preguntarse sobre el determinismo o indeterminismo de la teoría de Darwin; en todo caso sería muy difícil dar sentido a una pregunta así. Creo que uno debe limitarse a discutir las propiedades deterministas de los modelos. Si se me permite repetir lo que he expresado en la conferencia, creo que el determinismo sólo es útil en la ciencia en la medida en que uno puede sumergir la evolución temporal que investigamos en el seno de un conjunto más general de evoluciones virtuales. Es decir, el determinismo debe proveer criterios que sirvan para extraer las evoluciones reales de las evoluciones virtuales. Y la cuestión trascendente es que este conjunto de evoluciones virtuales debe generarse mediante procedimientos canónicos de naturaleza constructiva. En caso contrario, ocurre que ni siquiera sabemos de lo que estamos hablando. De ahí proviene, precisamente, el carácter epistemológicamente sospechoso de la teoría de Darwin para la evolución de las especies. En ella se habla de la posible evolución virtual de las especies sobre las que actúa la selección natural extrayendo precisamente la evolución que se observa. Pero nada sabemos de las dificultades concretas con las que se enfrenta esta virtualidad. Por ello yo restringiría la discusión a este territorio.

Peter Landsberg: ¿Se refiere al territorio de los modelos?

René Thom: Sí, y más concretamente, me refiero al territorio de los modelos matemáticos.

Günther Ludwig: Pues resulta que llamo teoría de la física a eso que usted llama modelo matemático.

René Thom: Ah, hay que distinguir. Para mí una teoría es un generador de modelos. La teoría de sistemas de variedades diferenciales, por ejemplo, ¿es una teoría física?

Günther Ludwig: No, no.

René Thom: No, claro, es una teoría matemática. Y, sin embargo, gran parte de las descripciones que nos ha mencionado el profesor Prigogine, por ejemplo, proceden de esta teoría.

Günther Ludwig: Digamos, para ponernos de acuerdo, que una teoría es un modelo matemático *más* una interpretación física.

René Thom: Estoy de acuerdo desde un punto de vista pragmático.

Günther Ludwig: Bien, algunos de estos modelos tienen una dinámica determinista y otros, en cambio, se describen con probabilidades, con medidas sobre las trayectorias. Quizá se haya percatado de que hemos coincidido en un punto en nuestra ponencias, porque yo también he afirmado que en la física moderna no es posible describirlo todo mediante modelos deteministas. Creo que, cuando nos encontramos con inestabilidades, debemos sustituir el modelo determinista por otro probabilístico. Y estoy de acuerdo con que ésta será la tendencia para el futuro. Por cierto, para ello no es imprescindible acabar siempre con una discusión sobre la mecánica cuántica. Ayer tuve la impresión de asistir a un debate sobre los problemas de la mecánica cuántica más que sobre el determinismo o el indeterminismo. No hay que olvidar que el dominio de nuestro interés se centra, fundamentalmente, en el mundo de los cuerpos macroscópicos; mi propuesta es centrar la discusión en tales objetos. Mi opinión es que las teorías futuras en este dominio también habrán de ser teorías indeterministas.

Ramón Margalef: Ya he dicho esta mañana que no estaba demasiado satisfecho con la distinción entre determinismo e indeterminismo en biología. Pero ¿por qué no centrar nuestra discusión en un problema concreto? La cuestión del origen de la vida es un ejemplo clásico de la biología y me sorprende que a estas alturas todavía no haya saltado a escena. Se trata de un problema tradicionalmente muy discutido por científicos provenientes del campo de la química (síntesis de moléculas y su posterior evolución). Debo confesar que la mentalidad al uso en este tema siempre me ha parecido una reedición de las ideas de los filósofos griegos en virtud de las cuales la naturaleza produjo un alto número de organismos que después se combinan para dar organismos independientes que luego se someten a la selección natural. Siempre he tenido la sensación de que la consideración de la energía de los sistemas vivos (gradientes de oxidación-reducción y, en general, toda clase de propiedades físicas) debía ser más trascendente que la mera consideración de los materiales. En particular, resulta especialmente interesante el esfuerzo por describir cómo unos pocos individuos separados pueden cooperar y actuar en un nuevo nivel de organización. Una buena pregunta sería, por ejemplo: ¿es necesaria una teoría de inestabilidades o bifurcaciones para explicar este tipo de fenómenos?

Evry Schatzman: Yo, en cambio, propondría desplazar la discusión del problema del determinismo y el indeterminismo (sobre el que todos nos hemos pronunciado) hacia otra cuestión que ha sido sugerida al comienzo de las jornadas: la del determinismo y la libertad humana. Me intriga el tema porque no veo dónde puede estar la contradicción o la dificultad.

Peter Landsberg: En algún lugar de la declaración de independencia de los Estados Unidos se dice que el hombre nace libre. Yo quiero mantener, de momento, la conclusión que he expresado en mi charla. Lo que es seguro es que la libertad es un sentimiento relativo a cada individuo. Cada individuo se considera a sí mismo libre, cree en su propia libertad. En realidad, sólo cuestionamos la libertad de los demás, en el sentido de que, al observalos de vez en cuando, creemos ver causas, determinaciones o influencias en su comportamiento. La idea de un hombre pseudoautómata condicionado por su historia genética se origina, creo, en la contemplación del prójimo.

Günther Ludwig: A propósito de la propuesta del profesor Schatzman (discutir la cuestión determinismo-libertad), quiero advertir una cosa. El determinismo es un concepto científico, más concretamente, del conocimiento científico. Creo que en eso hemos logrado ponernos de acuerdo. Pero, en mi opinión, la libertad no es en absoluto un concepto de la física ni de la ciencia. Veo por lo tanto muy difícil relacionar un concepto físico con otro que no lo es. Sin embargo, cuando el profesor Schatzman

202

insinúa que el determinismo puede contradecir la sensación de sentirnos libres...

Evry Schatzman: He dicho todo lo contrario. Pero si los pongo en un mismo plano lógico es porque acepto la idea de una discusión, aun teniendo conciencia de que mi competencia en temas de libertad humana no es la más adecuada. Pero existen otros aspectos, y nosotros acaso podamos hablar en nombre de la ciencia.

Ilya Prigogine: El enfoque del profesor Ludwig me parece un poco demasiado tradicional y pienso, precisamente, que estamos en condiciones, en estos tiempos, de adoptar ideas menos tradicionales. Como enfoque típicamente clásico, ahí tenemos la célebre frase de Einstein: «el tiempo es una ilusión», es decir, el fenómeno vida está en cierto sentido fuera de las leyes fundamentales de la naturaleza: la vida misma es una ilusión. Actualmente el tiempo no es una ilusión ni siquiera en la física. Creo que algo ha cambiado con ello. Si sólo creemos en la viabilidad de formalismos estrictamente deterministas, entonces es verdad, la libertad sólo puede ser una ilusión. Pero basta tomar conciencia de que el cerebro es un sistema altamente inestable y caótico para que la cuestión adquiera inmediatamente otro cariz. Tradicionalmente había que escoger entre un punto de vista anticientífico y la alienante idea de que «somos autómatas, aunque no lo sepamos». Pienso que la física moderna ha colaborado con el fin de tal dicotomía.

Ramón Margalef: Permítame hacer un poco de abogado del diablo. ¿No será la libertad humana una ilusión seleccionada por la evolución simplemente porque es necesaria o conveniente para la supervivencia de una especie social de las características del hombre?

Ilya Prigogine: En mi opinión, lo cierto es lo contrario. Mire usted, cada vez me interesan más los insectos sociales porque representan las sociedadas ecológicas más exitosas que conozco. La masa total de las hormigas, por ejemplo, es unas diez veces mayor que la masa humana. Mucha gente se esfuerza hoy en conocer cuál es el secreto del éxito de las hormigas. La idea clásica consistía, claro, en considerar una hormiga como un pequeño autómata. Hoy sabemos que no es cierto en absoluto. Su, digamos, probabilístico comportamiento es la expresión de la imaginación de las sociedades de hormigas. Pongamos alimento en algún punto al alcance de un hormiguero. La comunidad se comportaría determinísticamente si se lanzara sobre él para conquistarlo en combate. Pero no es lo que ocurre; como usted sabe mucho mejor que yo, cierto número de hormigas siguen explorando las inmediaciones por si hubiera una fuente mejor de alimento. Y esta actividad exploradora es la base del enorme éxito ecológico de las hormigas. Por lo tanto, el comportamiento probabilístico es, de hecho, una de las ventajas de la evolución biológica. Este fenómeno es algo muy difícil de confundir con una ilusión. Se trata de un hecho observable. La evolución biológica conduce justamente a un comportamiento complejo del cerebro. Y para ello no se ha seleccionado un comportamiento determinista, sino un comportamiento cada vez más creativo y novedoso.

Ramón Margalef: Yo admiro mucho las hormigas, ciertamente, pero prefiero la sociedad humana. Creo que un organismo grande es superior a muchos pequeños. Ocurre lo mismo con las computadoras, una computadora grande es más potente que ciertas series de computadoras pequeñas, porque probablemente es capaz de realizar un mayor número de combinaciones. Así, el hormiguero, compuesto por muchas unidades pequeñas, puede desarrollar tácticas de exploración y de coordinación. Pero la biomasa equivalente en una unidad de animal superior como el hombre multiplica comparativamente estas prestaciones. De todos modos, estoy de acuerdo con que la sensación de libertad es algo sustancial.

Ilya Prigogine: Sensación no: hecho. La libertad es un hecho. La idea de sensación es precisamente la idea anticuada que sobrevive de la concepción clásica. No hay razón para hablar de sensaciones.

Ramón Margalef: Bien, yo hablaba de sensaciones precisamente para no incomodar a los físicos.

René Thom: Creo que deberíamos rechazar la simple dicotomía entre la noción determinista (que significa ingenuo, simple, etc.) y la probabilística. De hecho, existen muchas situaciones que empiezan con un mecanismo muy simple (como por ejemplo con la dualidad estímulo-respuesta) y que acaban complicándose extraordinariamente. Y el tratamiento probabilístico de situaciones tan complejas ya es algo que en general no está legitimado. Lo que ocurre es que la descripción determinista de estas situaciones tan complicadas debe ser ella misma tremendamente complicada. Pero esto no significa que no exista un espectro continuo de descripciones deterministas que van desde las situaciones muy simples, que permiten la predicción, hasta esas otras que se nos antojan indescifrables e indescriptibles. Hecha esta precisión, diré que la sensación de libertad que todos tenemos puede explicarse, creo, con la ayuda de un modelo relativamente sencillo. Consiste en un mecanismo que opera en nuestro cerebro como un generador de azar cada vez que se plantea la necesidad de tomar una decisión urgente. Por ejemplo, estamos cruzando la calzada de una calle muy oscura y el semáforo de los peatones se pone rojo cuando hemos alcanzado, digamos, los dos tercios del trayecto. Se plantea una elección entre dos alternativas: continuar o regresar. El problema es que uno no puede estar demasiado tiempo elaborando esta elección. Hay que decidirse. Una solución es mejor que otra, pero lo más peligroso es no tomar ninguna decisión. Por eso creo que nuestro cerebro está dotado, por razones biológicas, de un mecanismo capaz de romper simetrías. Tal mecanismo utilizaría criterios virtualmente irrelevantes pero que nos proveen de la decisión que necesitamos. Este tipo de mecanismo es uno de los componentes claros de nuestra sensación de libre albedrío.

Peter Landsberg: Esto desplaza el problema de la libertad hacia el conocimiento de las elecciones posibles...

Ilya Prigogine: El *quid* de la cuestión está en que para tomar una decisión necesitamos un mecanismo, y el cerebro no es un simple receptor pasivo de información. Las decisiones son bifurcaciones producidas por un mecanismo tremendamente complicado. Existen recientes trabajos de neurofisiología que demuestran una enorme complejidad incluso en situaciones en las que no se toma ninguna decisión, como ocurre en el caso del sueño. El estado epiléptico, por ejemplo, corresponde a un comportamiento todavía más complejo y organizado que el sueño y que el estado de actividad consciente. No se trata, pues, de una especie de vacío productor de decisiones o de tiempos de espera. Se trata de una actividad del cerebro muy compleja que la ciencia empieza ya a formular con modelos matemáticos. Uno de los casos que más interés ha despertado estos últimos años es el análisis de los ritmos temporales, en particular de la generación de series musicales. ¿Cuál es la estructura profunda e intrínseca capaz de generar estas series temporales? Después de todo el propio comportamiento es, en esencia, un conjunto de series temporales.

Carles Lamote de Grignon: Debo empezar por una pequeña objeción a la utilización de los términos determinismo y libertad. Determinismo e indeterminismo me parecen adecuados para fenómenos físicos o mecánicos. La libertad, en cambio, se refiere ya a sistemas orgánicos. La libertad, determinada o no, no debe enfocarse bajo el punto de vista ontogénico, sino bajo el punto filogénico. ¿En qué momento de la evolución podemos empezar a hablar de libertad? Es evidente que la evolución se describe cada vez mejor, no con conceptos de la biología molecular (genes, enzimas, etc.), sino con conceptos culturales. Se trata de una especie de neolamarkismo que anda paralelo a cierto neodarwinismo. Las dos formas regulan indudablemente el comportamiento. Y si es así, me parece que no se puede hablar de libertad en términos radicales, sino sólo de una manera parcial; hay que hablar de grados de libertad. El profesor Waddington, por ejemplo, se refiere a dos estructuras del embrión, una determinada genéticamente y otra que se forma durante la evolución del embrión. Jacobson adopta también esta postura dualista cuando se refiere a la conectividad neuronal en neurofisiología. Dice por ejemplo: «Habrían neuronas total y específicamente programadas que darían lugar a la conducta congénita, y otro sector neuronal que estaría sólo parcialmente especificado y que daría lugar al aprendizaje y a la educación». En este aspecto, sí puede hablarse de libertad. En definitiva, somos deterministas en una primera fase y libres en una segunda, aunque sólo sea parcialmente.

Jesús Mosterín: Querría plantear de nuevo la distinción entre el problema del determinismo y el indeterminismo y el de la libertad. Está claro que, si tengo hambre, por ejemplo, es por una serie de causas físicas claras. El suceso no tiene nada de estocástico, ciertos datos previos hacen que mi sensación de hambre ocurra con probabilidad uno; mi sensación de hambre es necesaria y está perfectamente determinada. Pero, dada mi sensación determinada de hambre, puedo ser libre o no ser libre para comer (los alimentos pueden estar encerrados bajo llave). El concepto de libertad política no tiene demasiado que ver con el determinismo físico, al menos a primera vista. Sin embargo, hay un aspecto que sí incide incluso en el hombre corriente. Si pensamos en la estructura del espacio-tiempo de una manera ingenua y subjetiva, nos parecerá que hay una enorme diferencia entre pasado y futuro. El pasado se nos antoja cerrado, todo está ya establecido, todo está dado y fijado; el futuro en cambio está abierto y lleno de posibilidades y oportunidades. Es como si hubiera un solo pasado y muchos futuros. Pero por otro lado, y desde el punto de vista científico, no existe ninguna razón física para ver tal diferencia en la estructura del espacio-tiempo en torno a este particular instante que estamos viviendo (el presente). Quizás alguno de los científicos eminentes que hoy tenemos aquí pueda iluminarnos esta cuestión...

Günther Ludwig: Intentaré contestar. Hay muchas cosas de nuestro cuerpo que no están determinadas, pero la naturaleza hace verdaderos esfuerzos para que otras muchas cosas sí lo estén. La vida sería muy difícil sin cierto determinismo (es el caso del hambre, ciertamente). El cerebro no es una excepción en esto, y creo que uno puede sentirse libre sin necesidad de caer en este tipo de contradicciones. En el pasado todo está fijado; sólo existe un pasado, de acuerdo. ¿Y el futuro? Creo que no hay inconveniente para pensar en un único futuro. En el futuro también ocurre algo definido, sólo que no sabemos qué. Y no sólo eso, también podemos usar nuestro libre albedrío para intentar forzar ese «qué». Sin embargo, no hay que esperar que la física, o una teoría física, sea capaz de describir tal cosa.

Ilya Prigogine: Creo que su cuestión plantea un problema muy difícil; no debe esperar una respuesta unánime de la ciencia. Mi punto de vista difiere del del profesor Ludwig. Y conste que respeto mucho al profesor Ludwig, no en vano he aprendido de él buena parte de la mecánica cuántica y le estoy muy agradecido por ello. Pero su respuesta me parece demasiado subjetivista. Hoy podemos dar un sentido microscópico a la dirección del tiempo. No es cierto que todas las teorías de la física sean simétricas con respecto al pasado y al futuro. Y no es cierto ni desde el punto de vista fenomenológico ni desde el punto de vista microscópico. Desde el punto de vista fenomenológico, piénsese por ejemplo en la expansión de universo, piénsese en la irreversibilidad involucrada en la transición de la gravitación a la materia que he comentado antes, etc. Existe, por lo tanto, una asimetría clarísima en nuestra experiencia de la física. Incluso desde el punto de vista clásico (desgraciadamente no podemos profundizar aquí en ello) y en la dinámica de sistemas inestables, la dirección del tiempo está determinada por la geometría del espacio de las fases. Por ejemplo, la dilatación en sistemas que se contraen: en este caso, el tiempo fluye en el sentido de la dilatación. Y es precisamente la dilatación el fenómeno que provoca una pérdida de información, lo que, a su vez, conduce al sistema a su futuro estado de equilibrio. En otras palabras: era precisamente la subdivisión clásica del espacio-tiempo la que podía sugerir —y dejar sin respuesta— una pregunta como la suya. Pero hoy estamos al principio de una concepción que introduce la asimetría cada vez más claramente. En la formación de biomoléculas, la irreversibilidad está en la asimetría espacial; en la evolución del universo hay que buscarla en las partículas elementales... Su pregunta, que ha sido muy correctamente planteada, empieza, pues, a tener respuesta en la física moderna.

Günther Ludwig: Estoy de acuerdo con que el tiempo está dirigido en la física, pero en mi intervención quería decir algo más que eso. En realidad, creo que la cuestión de que un ser humano perciba su pasado fijo y su futuro libre es, insisto, algo más que las propiedades físicas del tiempo.

Ilya Prigogine: Pero el ser humano pertenece a un universo en evolución. Somos parte de él, no una excepción.

René Thom: Sólo quiero hacer un breve comentario sobre la misma pregunta. Ha afirmado usted que la contingencia del futuro está fundada en el determinismo de nuestras acciones. Es decir, porque creemos en el resultado determinista de nuestras acciones, creemos también que podemos actuar sobre el futuro. No deja de ser un fenómeno extraño: el determinismo de nuestras acciones implica la contingencia del futuro.

Peter Landsberg: La filosofía se ha planteado siempre esta

208

cuestión. Schopenhauer, por ejemplo, afirmaba que podemos hacer lo que deseamos, pero el problema está en saber si podemos desear lo que deseamos, si somos libres en los deseos. Pienso que a este nivel la cuestión es ya muy compleja y atañe casi exclusivamente a la filosofía. No estoy seguro de que la ciencia pueda ayudarnos. Es decir, la libertad del hombre es un problema realmente filosófico, y yo personalmente no veo que pueda hacer ninguna contribución basada en la ciencia que conozco. Uno, como científico, puede tener, eso sí, ciertas sensaciones. Y quizá convenga recordar aquí la posición de Einstein a este respecto que citábamos ayer el profesor Wagensberg y yo mismo en la ponencia (y que también destaca el profesor Prigogine en su último libro): «... para nosotros, físicos convencidos, el pasado y futuro no son sino ilusiones humanas...».

Ilya Prigogine: Me gustaría añadir algo a esta cita. Siempre he seguido con mucho interés las opiniones de Einstein sobre el tiempo; y con motivo de su setenta aniversario hubo una reunión científica en la que destacó una contribución de Kurt Gödel. Uno tenía la sensación de que en el universo de Gödel se puede viajar al encuentro de nuestro propio pasado según una trayectoria que se dirige al futuro. Y, en efecto, en ese artículo, Gödel se dirigía a Einstein para decirle: « ...sí, tiene usted razón, su idea ha sido demostrada, vea usted, el tiempo es sólo una ilusión, con mi modelo —que satisface los criterios básicos de la relatividad general— puedo viajar a mi pasado...». Gödel incluso había hecho cálculos para determinar el costo energético de su viaje eventual. Y la reacción de Einstein fue muy interesante; dijo: «Bien, como físico, su propuesta no me parece demasiado verosímil, no creo que sea posible telefonear a nuestra propia historia». Y añadió una frase que nunca he olvidado: «...los procesos irreversibles juegan un papel fundamental en la construcción del mundo físico...». Todavía no hemos llegado plenamente a esta situación, pero estoy seguro que se alcanzará en las próximas generaciones. Creo que es éste precisamente el tipo de problema que se ha planteado aquí y pronto veremos la solución formulada en un nivel fundamental, porque la asimetría temporal se está imponiendo progresivamente en la física.

René Thom: Quiero hacer un comentario sobre el problema de la reversibilidad o irreversibilidad del tiempo. Estoy impresionado por la seguridad que demuestra el profesor Prigogine cuando se manifiesta sobre el carácter irreversible del tiempo, incluso, diría yo, cuando se refiere a la estructura local. Y a mí me parece que hay que darse cuenta de que este problema de la reversibilidad o irreversibilidad temporal en sistemas dinámicos clásicos (definidos por un flujo de variedades) no es en absoluto una cuestión de tipo local. Depende de la topología del dominio del espacio que se considere, por lo que la respuesta variará según tal dominio. Se puede considerar el problema globalmente, claro (si el conjunto de las variedades es cerrado), y encontrar una respuesta. Pero si partirmos de un flujo *standard* de variedades, entonces tenemos elementos locales de flujo en los que siempre existe reversibilidad temporal. Por lo tanto, decir que el tiempo es irreversible local e intrínsecamente significa, más o menos, abandonar el modelo de los sistemas diferenciales para el determinismo.

Ilya Prigogine: Sí, sí, exactamente.

René Thom: ¿Usted cree entonces que el espacio se ramifica continuamente?...

Ilya Prigogine: No, no, no. Lo que digo es que hay que abandonar la idea de los sistemas dinámicos y adoptar la idea de los semigrupos. Y los semigrupos ya no se refieren a trayectorias dinámicas individuales, sino a colecciones de trayectorias. Y es la colección de trayectorias la que exhibe un comportamiento irreversible. No se puede hablar de trayectorias individuales, porque no existe forma alguna de ir de las trayectorias individuales a los semigrupos. Por cierto, si las trayectorias indviduales tuvieran algún significado, no haría falta recurrir a los semigrupos. Todo está relacionado. La trayectoria es un concepto que pierde significado cuando la información crece con la longitud de la trayectoria, y por esta razón nos vemos en situaciones en las que debemos considerar paquetes de trayectorias. Desde un punto de vista más filosófico, yo diría que nos encontramos aquí ante el problema del ser y el devenir. Y el problema del ser y el devenir es sólo un problema lógico. El ser, según la concepción determinista clásica, es algo intemporal. Futuro y pasado juegan esencialmente el mismo papel. El ser, como estado, se definía sin fecha temporal. Las leyes de la naturaleza exhibían una simetría temporal com-

210

pleta y propagaban simplemente tal simetría de un punto a otro. En la teoría de los procesos irreversibles, el estado de los sistemas tiene ya la simetría truncada. Las leyes de la naturaleza también tienen la simetría truncada y propagan tal simetría truncada de un punto a otro. Los dos conceptos son aceptables desde el punto de vista lógico. Pero cuando hablo de la naturaleza, ya estoy introduciendo *a priori* esta diferencia entre pasado y futuro (diferencia que, de hecho, introdujo ya Aristóteles). No creo que exista otra alternativa, la naturaleza tiene la simetría truncada (nosotros mismos somos una manifestación distante de ello), y leyes con simetría truncada así la propagan. No hemos hecho más que empezar a comprender esa clase de leyes. Eso es muy natural, ya que llevamos tres siglos estudiando sistemas periódicos sencillos, pero creo que he dado suficientes ejemplos como para convencer de que ya existen resultados importantes en este sentido.

René Thom: No basta con hablar de semigrupos abstractos, hay que definirlos en algún sentido. En la geometría de *la transformación del panadero*, que usted ha utilizado, existen puntos que son antiimágenes. Y éste es el origen de la irreversibilidad.

Ilya Prigogine: ¡El origen de la irreversibilidad está en la introducción de cierta no-localidad en el espacio!...

René Thom: ¡Exactamente!

Ilya Prigogine: ...Y la no-localidad es la expresión de un hecho: ya no podemos seguir una trayectoria única, sino un paquete de trayectorias. Por lo tanto, la estructura espacio-temporal de *la transformación del panadero* no es puramente geométrica, sino una estructura dinámica. Muchos elementos, quizá demasiado técnicos para citarlos aquí (longitudes de Lyapounov, la entropía de Kolmogorov, etc.), pasan a formar parte de la geometría del sistema. Y así pasamos de una descripción de trayectorias individuales (o de grupo) a una de colecciones de trayectorias (o de semigrupo).

Indice onomástico

Goldhaber, M.: 112.
Gramsci, A.: 38.
Gunzig, E.: 176.

Hamilton, W.D.: 42, 139.
Harkins, W.D.: 105.
Hazlitt: 185.
Heidegger, M.: 158.
Heisenberg, W.: 9, 26, 88, 155.
Heráclito: 9.
Hertzsprung, E.: 101.
Hook, S.: 26, 33, 70.
Hubble, E.P.: 174.
Huggins, W.: 104.

Ionesco, E.: 38.

Jacobson, N.: 206.

Kayyam, O.: 15.
Kepler, J.: 102, 191.
Kirchoff, G.R.: 104.
Kolmogorov, A.N.: 66, 67, 69, 70, 73,
    127, 211.
Kramers, H.A.: 135, 139.

Lamarck, J.B.: 135, 139.
Lambert, J.H.: 101.
Lamote de Grignon, C.: 37, 75, 206.
Landsberg, P.T.: 16, 19, 32-39, 60, 79,
    80, 116, 188, 193, 200, 202, 205, 208.
Laplace, P.S.: 42, 87, 96.
Lebesgue: 90.
Leibniz, G.W.: 9, 53, 65.
Lemaître, A.G.: 112
Le Mettrie: 107.
Leverrier, V.J.: 102.
Lie: 67.
Liouville, J.: 102.
Llull, R.: 9.
Lorentz, H.A.: 52.
Lotka, A.J.: 134.
Lucrecio: 99, 100, 101, 103, 104.
Ludwig, G.: 16, 35, 41, 51-59, 79, 80,
    94, 117, 200-202, 205, 208.
Lyapunov, A.M.: 66, 168, 211.

Mach, E.: 54.
Mackay, D.M.: 33.
Malevitch: 157.
Mandelbrot, B.: 166.

Margalef, R.: 16, 81, 120, 139,
    141-150, 152, 201, 203, 204.
Markov: 172, 182.
Martínez, S.: 186.
Maxwell, J.C.: 22, 23, 44.
Maynard-Smith, J.: 139.
Mefistófeles: 23, 26, 36.
Miguel Angel: 31.
Mills, G.: 185.
Minkowski, H.: 67.
Misra, B.: 186.
Molière: 95.
Mosterin, J.: 34, 59, 73, 91, 143, 145,
    146, 206.
Moulines, C.U.: 35, 54, 150, 199, 200.
Mozart, W.A.: 11.

Navarro, L.: 52, 89, 91.
Neumann, J.: 108, 112.
Newton, I.: 42, 44, 46, 47, 102, 156,
    178.
Nicolis, G.: 170, 172, 186.

Occam, W.: 100.
Onsager, L.: 160.
Orestes: 101.

Pahaut, S.: 157, 185.
Palladio: 127.
Pániker, S.: 190.
Parra, J.M.: 38, 142, 151.
Peebles: 108.
Peirce, C.S.: 187.
Penrose, G.: 189.
Penzias: 101, 108.
Perrin, J.B.: 105.
Petrosky, T.: 183, 186.
Picasso, P.R..: 16.
Pla, J.: 90.
Planck, M.: 30, 59, 90, 104, 110, 179.
Podolsky, B.: 89.
Poincaré, H.: 74, 178.
Pons, J.M.: 95.
Popper, K.R.: 122, 139, 150.
Praz, M.: 185.
Press, W.H.: 33.
Prigogine, I.: 16, 94, 154, 185-196,
    199, 201, 203-205, 207-211.
Prince, G.R.: 139.

Racionero, L.: 38, 151.